Gebrauchsanweisung
für Australien

Joscha Remus

Gebrauchsanweisung für Australien

Piper München Zürich

Mehr über unsere Autoren und Bücher:
www.piper.de

ISBN 978-3-492-27644-3
© Piper Verlag GmbH, München 2014
Redaktion: Matthias Teiting, Duisburg
Karte: cartomedia, Karlsruhe
Satz: le-tex publishing services GmbH, Leipzig
FSC-Papier: Munken Premium von Arctic Paper
Munkedals AB, Schweden
Druck und Bindung: CPI books GmbH, Leck
Printed in Germany

Für Rainer Remus,
der Australien überlebt hat

Inhalt

Surprise, Surprise   11

Kangaroo I – sie hüpfen rückwärts   14

Wassermenschen und Feuerkünstler   17

Die gestohlene Haarlocke   24

Lost World   30

The True Blue   36

Der Traum von der Freiheit   44

Sydney – die Wasserstadt   50

Küsten, Strände, Meereswelten   59

Planet WA   70

Melbourne – auf Gold gebaute Schönheit   79

Stay in control. Ein Besuch im Casino   87

Kangaroo II – Purzelbaum ins Beutelglück 93

Dreaming & Songlines 97

Zirkularatmung 107

Porn, Pot & Politics 116

Sonnenschutz und Schattenseiten 121

Wüste und Outback 129

Der große Durst 137

Der Berg, der das Licht trinkt 144

Alice Springs – der ruhigste Ort der Welt 151

Relikte der Urzeit 158

Nervig, giftig & gefährlich 165

Sportlich: Cricket, Surfen, Bumerang 173

Gourmet & Wildfood 181

Aborigines-Sprachen und Aussie-Slang 190

Blicke in die innere Welt 198

Australische Literatur und Poesie –
    von Salzbäumen und Schaumkronen 202

Zwischen den Welten 209

Kangaroo III – Golfen mit Kängurus 219

Timorsee

Darwin ○

Arnhemla

Kakadu National Park ■

○
Katherine

Tanamiwüste

Tennant Cree

○
Broome

Große Sandwüste

N o r t h e r
T e r r i t o r

○ Exmouth

Alice Springs

Gibsonwüste   *Uluru*
△
867 m

Mount Augustus
△
1.106 m

W e s t e r n
A u s t r a l i a

Große Victoriawüst

S o u t

Nullarbor Ebene

○ Kalgoorlie

Perth ○

○
Denmark

*Große
Australische
Bucht*

*Indischer
Ozean*

*Ningaloo
Reef*

Cape York-Halbinsel

Great Barrier

Golf von Carpentaria

Pazifischer Ozean

Cairns○

Townsville○ *Whitsunday Archipel*

Airlie Beach○

Mackay○

Reef

Queensland

Sunshine Coast

Brisbane○ *Golden Coast*

Marree○

ober

dy

New South Wales

ustralia

Freemantle○ ○Sydney

Adelaide○

◎**Canberra**

Victoria

Melbourne○

Bass-Straße

■ *Kimberley*

Tasmanische See

Tasmanien

○Hobart

○Port Arthur

Surprise, Surprise

Ich ging über den goldgelben Sand der Weinglasbucht und trank gekühlten Tee am Strand der Pfefferminzbäume. Australien ist ein Land, in dem es Orte gibt, die aus einer kulinarischen Werbebroschüre stammen könnten. Oder die so klingen, als wären sie aus einem Fantasy-Roman auf die Landkarte gerutscht: die Schlucht der Regenbogenschlange, der Berg der Wolkenwälder, das Tal der flüsternden Bäume. Die Aborigines, die Ureinwohner Australiens, dachten sich diese phantasievollen Wortschöpfungen einst aus. Doch auch die späteren Entdecker und weißen Siedler ersannen Namen voller Poesie: das Kap der Trübsal, die Inseln der Hoffnung, der See der Enttäuschung, der Berg der Überraschungen.

Wie wahr. Australien ist tatsächlich ein Land der Überraschungen und der unerwarteten Wunder. Und höchst seltsamer Tiere. Auf gelben Verkehrsschildern werden wir vor Tasmanischen Teufeln (Raubbeutlern) gewarnt, vor Quokkas (Kurzschwanzkängurus) und Wombats (Plumpbeutlern).

Und außerdem wartet es mit den erstaunlichsten Rekorden auf. Wer hätte gedacht, dass es in Australien Bäume gibt, die Gold schürfen können, dass man hier Luftraum kaufen kann, dass Australien über das größte Trinkwasserreservoir der Welt verfügt oder dass es auf dem Fünften Kontinent über 160 erloschene Vulkane gibt, manche von ihnen sogar tropisch grün überwuchert? Traumhaft schöne Maare, mit Wasser gefüllte Vulkankraterseen. *Europe supersized* nannte ein australischer Freund, der in beiden Welten zu Hause ist, die Gegend um Denmark im Süden Westaustraliens. Riesenbäume, Riesenfarne, Riesenwälder.

Natürlich gibt es auch all die Dinge, die man unweigerlich mit Australien verbindet: die steinernen Wunder im Outback, die rote Halbwüste, die smaragdgrünen Tropenwälder, die schneeweißen Strände. In Monkey Mia zum Beispiel, wo man sich mit Delfinen direkt an einem wunderschönen Strand verabreden kann. Immer aber gibt es auch Überraschungen, Sachen, mit denen man nicht rechnet. So gelangt man mitten in den Wüsten, Steppen und Halbwüsten an erfrischende Bademöglichkeiten. Das Ellery Creek Big Hole zum Beispiel. Ein kühler See im West MacDonnell National Park. Oder der kleine Schwimmfelspool im Maguk Gorge, der sich zwischen einem Steinlabyrinth oberhalb eines Wasserfalls versteckt. Und wer hätte gedacht, dass es neben dem weltweit bekannten Great Barrier Reef im Osten noch ein traumhaftes Korallenriff im Westen gibt. Das Ningaloo Reef, das längste Saumriff der Welt, an manchen Stellen nur hundert Meter vom Strand entfernt!

Neben all den Rekorden, den Wundern und Wohlfühldingen wird aber auch über Buschfeuer, Glutöfen, Quälgeister, Giftstachel und Reißzähne zu reden sein. Was wäre Australien ohne seine Gefahren und Herausforderungen? Oder ohne die Aborigines, das älteste Kulturvolk der Welt? Auch deren Leid und Elend sowie ihr kultureller Reichtum werden nicht unerwähnt bleiben.

Obwohl Australien entwicklungsmäßig in den letzten zwanzig Jahren den Turbo eingeschaltet hat, wirkt das Land auf verblüffende Weise nicht hektisch. Einige Sydneysider spüren den Druck der internationalen Märkte und schlucken morgens ihren Espresso oder Flat White etwas schneller hinunter. Einige Frauen joggen jetzt in schnellerem Trab mit Kinderwagen über die Strandpromenade am Manly Beach. Doch das uralte rote Land strahlt weiter Ruhe und Gelassenheit aus.

Vieles, was man hier zu sehen, zu riechen, zu schmecken, zu hören bekommt, gibt es sonst nirgendwo anders auf der Welt. Vieles ist einmalig, weil sich dieses Land so lange abseits aller anderen Landmassen bewegt hat. Über Millionen von Jahren konnte der Fünfte Kontinent sein eigenes Spiel des Lebens betreiben und wartet nun mit unglaublichen Resultaten auf. Schaut her, was ich euch Schönes gezaubert habe!

Kangaroo I – sie hüpfen rückwärts

Das Känguru ist das weltweit berühmteste aller Beuteltiere. Es ziert die Münzen und Geldscheine Australiens, ist auf der größten Goldmünze der Welt abgebildet (zusammen mit Königin Elizabeth II.), dient als Logo der Quantas-Flugzeuge, ist natürlich Symbol der sprungkräftigen australischen Basketballteams und darüber hinaus das weltweit einzige Wappentier, das man verspeisen kann! Kein Wunder, dass man diese Tiere als Erstes auf der Rechnung hat, wenn man nach Australien reist.

Aber auch anderswo auf der Welt war man sehr frühzeitig von Kängurus fasziniert. Zur Geburtsstunde des Kinos zum Beispiel. Als Max und Emil Skladanowsky im Berliner Wintergarten 1895 ihre allerersten Filme präsentierten, zeigten sie auch einen kurzen Stummfilm, in dem ein gewisser Mr Delaware gegen ein boxendes Känguru antrat. Wie ein richtiger Boxkampf sah das zwar nicht aus, eher wie ein wüstes Raufen, aber derartige Schaukämpfe gehörten gegen Ende des 19. Jahrhunderts durchaus zum Berliner Varieté- und Zirkusprogramm. Auch auf australischen Jahrmärkten traten damals boxende Kängurus gegen harte Männer aus dem Outback an.

Als die Segeljacht *Australia II* im Jahr 1983 das Motiv eines boxenden Kängurus samt grüner Fahne hisste und zum ersten Mal nach über 100 Jahren den Titel der berühmtesten Segelregatta der Welt nach Australien holte, wurde *The Boxing Kangaroo* auf dem Fünften Kontinent endgültig Kult. Die Flagge mit dem goldfarbenen Känguru und den roten Boxhandschuhen auf grünem Grund galt von da an als Glücksbringer und sorgte während der Olympischen Spiele in Sydney sogar für Unruhe, weil das Olympische Komitee das boxende Känguru als nationales Symbol nicht anerkennen wollte.

Männliche *roos* – so die australische Kurzform – haben das Boxen im Blut. Bevor sie sich mit Konkurrenten und Gleichaltrigen messen, versuchen sie sich an ihren Müttern oder aber an ihrer Variante des Punchingballs, jenen Sträuchern, die im Outback stehen und nicht selten mit ihren biegsamen Ästen überraschend »zurückschlagen«. Heranwachsende männliche Kängurus wählen sich täglich im Busch pflanzliche oder tierische Sparringspartner.

Die riesigen Muskelstränge der Kängurus funktionieren wie Sprungfedern. Die Achillessehnen werden dabei gestreckt und gespannt wie die Sehne bei einem Bogen. Ein großer Teil der Aufprallenergie wird beim Sprung gespeichert und für den nächsten Riesensatz genutzt. Das Hüpfen ist eine geniale und pfiffige Fortbewegungsart für Wüstenbewohner. Energiemäßig ist es bei Weitem effizienter als der Galopp eines Pferdes. Die kräftigen Beine erlauben dem Roten Riesenkänguru Sprünge von bis zu zehn Meter Weite und drei Meter Höhe. Der heiße Boden Australiens wird dabei selten berührt; erstaunlich schnell, mit bis zu siebzig Kilometern pro Stunde, überbrückt dieses Beuteltier die weiten Ebenen des Landes. Ein immenser Vorteil, um an weit entfernte Wasserstellen zu kommen (und Wasser benötigt ein ausgewachsenes Känguru spätestens nach zehn Tagen).

Wenn es zum Kampf kommt, katapultiert sich ein Männchen akrobatisch in die Luft, stützt sich hinten mit dem kräftigen Schwanz ab und tritt dabei mit beiden Hinterbeinen so kräftig nach vorn, dass dies auch für einen menschlichen Gegner lebensgefährlich werden kann. Kickboxen vom Feinsten. Oft macht das gegnerische Känguru dann etwas, das es offiziell gar nicht dürfte: *rückwärtshüpfen!*

Kängurus, das lehrt man die Kinder in australischen Schulen und wiederholt es seit Jahrzehnten brav in vielen Reiseführern und Büchern über Australien, könnten nur nach vorn hüpfen, niemals zurück. Ebenso wie für den australischen Staat gebe es für das charismatische Beuteltier nur eine Richtung, in die man sich bewegt: nach vorn! Schließlich sollen die Tiere doch die sogenannte *forward progression* repräsentieren. Ob der australische Staat und seine Ökonomie sich fortbewegen, sei dahingestellt.

Jedenfalls ist diese Behauptung, zumindest was die Kängurus betrifft, völlig falsch. Denn wenn sich die riesigen männlichen Tiere aufrichten und wie eine Primaballerina in die volle Fußstreckung zu einer Art Spitzentanz begeben, dazu ihren Schwanz anheben und den gegnerischen Tritten elegant mit einem federnden Sprung nach hinten ausweichen, machen sie eben genau das, was man ihnen eigentlich am liebsten per australischem Dekret verbieten würde. Wappentiere hüpfen nicht zurück. Niemals. Nun ja, tun sie eben doch!

Wassermenschen und Feuerkünstler

Vorab: Der Begriff »Aborigine« lässt sich für dieses Buch nicht vermeiden und war lange Zeit Gegenstand einer sehr kontroversen Debatte. Viele Nachfahren der Ureinwohner Australiens haben sich mittlerweile mit dieser Bezeichnung arrangiert, jedoch nicht immer angefreundet und verwenden unter sich eher den Begriff »Aboriginal Australian« oder aber die jeweiligen Stammesbezeichnungen.

Es gibt englische Historiker, die behaupten, der Seefahrer James Cook habe Australien nur deshalb erreichen können, weil er seiner Mannschaft ganze Fässer voll Sauerkraut verabreichte. Dass es deutsches Sauerkraut war, kann man aus einem Streit erkennen, den Cook mit seinen Matrosen hatte. Denn die wollten das deutsche Kraut anfangs ums Verrecken nicht essen. Das Standardessen auf der *Endeavour* bestand aus stark gepökeltem Schwein und einer Art bissfestem Keks. Erst als Cook selbst sich täglich eine gute Ladung Sauerkraut auf den Teller packte, konnte er auch seine mürrische Crew überzeugen. Der gefährliche Skorbut blieb aus, und James Cook verlor dank intensiver Vitamin-C-Gaben in Form von Sauerkraut und Limettensaft auf seinen langen Reisen nur wenige Männer. (Wahrscheinlich ebenjene, die sich seiner Sauerkrautkur standhaft verweigert hatten.)

Als der Brite 1770 die australische Ostküste entlangsegelte, um sie zu kartieren, war er weder der Kapitän des Schiffes (!) noch der Entdecker dieses neuen Landes (!!). Am 26. Januar, dem australischen Nationalfeiertag, feiert man *nicht die Entdeckung Australiens, sondern die Ankunft der ersten Flotte,* ihrer Strafgefangenen und Besatzung. Ein häufig tradierter Fehler. Cook wurde lange Zeit in den Schulen des Landes zu *Captain Cook, dem Entdecker Australiens.* Die Aborigines in den Missionsschulen reagierten auf die dort ausschließlich unterrichtete Geschichte der weißen Besiedlung mit einer spöttischen Interpretation des historischen Kürzels B. C. Für sie begann die neue Zeitrechnung nicht *before Christ,* sondern *before Cook.*

Bereits 164 Jahre vor Lieutenant James Cook hatte der holländische Handelsreisende Willem Janszoon australischen Boden betreten. Er hielt die Landspitze der heutigen Cape-York-Halbinsel, auf die man am 26. Februar 1606 stieß, jedoch für einen Teil Neuguineas. Als den »Kolumbus von Australien«, also den eigentlichen Entdecker, könnte man den Niederländer Dirck Hartog bezeichnen, der 1616 am heutigen Cape Inscription an der Westküste landete.

Tatsächlich jedoch kamen die Europäer Jahrtausende zu spät, um sich als Entdecker feiern lassen zu können. Die erste Besiedlung verliert sich im Nebel der Zeit, reicht aber mindestens 53 000 Jahre zurück. Die Ureinwohner Australiens lebten bereits seit der Altsteinzeit auf diesem fernen Kontinent. Als sich 1770 Europäer und Aborigines zum ersten Mal begegneten, kam es zum größten *cultural clash,* den die Welt je erlebt hatte. Auf der einen Seite die indigenen Völker Australiens, die bis heute älteste kontinuierliche Kultur der Menschheit. Leben mit Steinwerkzeugen wie im Paläolithikum. Kein Metall, kein Rad, keine Feuerwaffen. Und auf der anderen Seite die neuen Siedler. Reisende der Industrialisierung. Botschafter der Dampfwagen, des Thermometers und der optischen Telegrafie. Die neuen Herren, die auf die Aborigines herabblickten, als wären diese seltsame Fossilien, brachten viele Dinge in die neue Welt, die man dort zuvor nicht vermisst hatte: Musketen, Pferde, Missionare, Rum, Tabak, Syphilis und Pocken.

Willkommen in der Urzeit

Als bei uns in Europa noch Neandertaler lebten, hatten die ersten Menschen der Gattung Homo sapiens Australien längst erreicht. Während der ersten Besiedlung war dieser südliche Kontinent etwa um ein Sechstel größer als heute. Durch die Eiszeit auf der Nordhalbkugel wurde genügend Wasser gebunden, um den Meeresspiegel weltweit um 180 Meter zu senken. Australien war damals noch mit Neuguinea und Tasmanien verbunden.

Die Vorfahren der Aborigines haben Australien allerdings *nicht* über eine Landbrücke erreicht. Sie machten sich von den Inseln des indonesischen Archipels mit langen Seekanus auf den Weg in eine ihnen völlig unbekannte Welt. Eine urzeitliche Welt, wie der Mensch sie noch nie zuvor gesehen hatte.

In ihren ältesten Sagen sprechen die Aborigines aus dem Arnhemland im Norden Australiens noch heute voller Ehrfurcht von Beutellöwen, riesigen Drachen und baumhohen Kängurus. Keine reinen Erfindungen, wie die Forscher in den letzten Jahren herausgefunden haben.

Drachen, Beutellöwen und Riesenkängurus

Der Kontinent, den die Vorfahren der Aborigines in der Urzeit erreichten, sah völlig anders aus als das heutige Australien. Wasser war das Element der frühen Zeit. Es gab endlose Sümpfe und Feuchtgebiete. Riesige Dschungel überwucherten das Land. Im Norden befand sich ein gewaltiger Süßwassersee, in dem Krokodile lebten, die doppelt so groß waren wie ihre heutigen Nachfahren. Australien war damals eine Welt der Riesen, der Megafauna. Das größte Beuteltier, das es je gab, das Diprotodon, erreichte die Größe eines Nilpferds. Gingen die ersten australischen Menschen auf die Jagd, so mussten sie mit Riesenechsen und dem Procoptodon goliah rechnen, einem drei Meter großen Känguru. Durch Skelettfunde weiß man, dass dieses *giant short-faced kangaroo* stolze 230 Kilo auf die Waage gebracht haben muss. Wer sich ein Bild von diesen uns völlig unbekannten, teils sehr bizarren Tieren machen möchte, kann sie im Australian Museum in Sydney in Originalgröße bestaunen.

Als vor 9000 Jahren die Eiszeit zu Ende ging, stiegen die Meeresspiegel rapide an, und Australien verlor ein Sechstel seiner Landmasse durch Überschwemmungen. Die Aborigines zogen ins Landesinnere, in eine ihnen fremde, unwirtliche, sehr trockene Welt. Dürre und Hitze bestimmten nun ihr Leben, und um dort überleben zu können, machten sie ausgerechnet das Feuer zu ihrem wichtigsten Werkzeug. Aus Wassermenschen wurden Feuerkünstler, die mit mächtigen Fackeln auf die Jagd gingen.

Mit geübtem Auge erkannten die Ureinwohner den Wechsel der Ernte- und Sammelzeiten allein an den veränderten Farben der Vegetation. Die Sonne war ihre Uhr, und die unterschiedlichen Farben der Bäume wurden zu ihrem Kalender. War das Gras vertrocknet, wurde es Zeit, es abzufackeln, Schneisen ins Buschland zu brennen und die Kängurus in die Speere der Jäger zu treiben. Man zog weiter, wenn an einer Stelle alles Essbare aufgesammelt worden war. Die Aborigines legten selten Vorräte an. Die Vergangenheit und die Zukunft gab es nicht. Die Ureinwohner lebten im zeitlosen Glück.

Aale und andere Fische

Lange Zeit wurden die Aborigines als primitive Steinzeitmen-
schen eingeschätzt, die keine Keramik und keine Häuser
kannten und als Nomaden weder Rad, Ackerbau noch Landwirtschaft entwickelt hätten. Nun gut, sie hatten ganz nebenbei ein gyroskopisches Wunderwerk erfunden, einen Bumerang, der zurückkehrt! Aber ansonsten hielt man sie lediglich
für eine Kultur der Jäger, Sammler und Steinäxte. Eine Kultur, die seltsamerweise trotz großer Eisenerzvorkommen die
Metallverarbeitung nicht kannte und der das Rad völlig fremd
zu sein schien. Doch in den letzten Jahren haben die Archäo-
logen und Paläoanthropologen Australiens Erstaunliches entdeckt, weshalb man sich von vielen alten Vorstellungen ver-
abschieden musste.

Denn die ersten Aborigines kannten bereits den Landbau
und die Fischerei. Sie waren Seefahrer und Regenwaldmedi-
ziner. Sie besaßen über 400 hochkomplexe Sprachen, bauten
Häuser und trieben Handel mit Völkern im heutigen Indien,
China und Arabien. Weil sie sich anfangs eher dem Wasser
als der Wüste verbunden fühlten, wurden die frühen Küs-
ten-Aborigines wahre Meister der Fischzucht. Vor 6500 Jahren baute der Stamm der Gunditjmara an der südlichen Küste,
am Lake Condah, die ersten steinernen Fischfallen. Raffiniert
konstruierte hydraulische Systeme spülten im Frühjahr das
Wasser und die Aale in die Kanäle. Die Frauen des Stammes
übernahmen das Flechten der langen Aalkörbe.

Die Eingeweide der Welt

Doch sie interessierten sich nur für das, was im Wasser
schwamm, sondern auch für die »Eingeweide der Welt«, wie
es einige Aborigines mir gegenüber nannten. Was sie so tief
im Bauch der Erde suchten, war weder Silber noch Gold. Es

war Ocker, ein Mineralgemisch aus Tonerde und Eisenoxiden. Eine für die ersten Australier überaus wertvolle Substanz, die auf langen Handelswegen über Tausende von Kilometern von den Minen Westaustraliens und denen im nördlichen Queensland durch die Wüsten ins rote Zentrum, ins Arnhemland und an die Küsten gebracht wurde.

Ein mit rotem Ocker künstlerisch gestaltetes Grab am Lake Mungo zeigt, wie wichtig den frühen Menschen die Pigmente des Ockers für ihre aufwendigen Beerdigungsrituale waren. Und zwar bereits vor 40 000 Jahren, wie der *Mungo Man* beweist. Dieses Skelett eines leichtknochigen, grazilen Menschen mit flachem Gesichtsschädel und vorgewölbter Stirn gilt als der älteste Fund eines anatomisch modernen Menschen (Homo sapiens) in Australien überhaupt.

Die Pigmente des Ockers wurden auch für die Körperbemalung benutzt, für Stammesrituale, Initiationen und als Schutzschicht gegen Insekten und nervige Fliegen. Der Lehm auf dem Körper half den Ureinwohnern bei der Jagd, weil die Kängurus so keine Witterung aufnehmen konnten.

Einer alten Erzählung nach entstand der rote Ocker im *Dreaming*. In dem, was wir heute »Traumzeit« nennen, kämpften die Schöpfer mit einem riesigen Känguru – das die allerersten Australier ja tatsächlich noch kennengelernt hatten. Das in die Erde versickernde Blut des Tieres verwandelte sich in roten Ocker. Die austretenden Säfte der Leber wurden zu gelbem und die der Galle zu grünem Ocker.

Die Aborigines waren folglich auch die ersten Minenarbeiter Australiens, wenn nicht gar der Welt. Ihre Arbeit in der Mine von Wilgie Mia mussten sie erst nach 40 000 Jahren um 1930 vorübergehend beenden, weil weiße Minenarbeiter sie enteigneten und Anspruch auf die Bodenschätze erhoben.

Bis in die jüngste Zeit rätselte die Wissenschaft ferner, wie es den Aborigines gelingen konnte, ohne Klingen feine anatomische Schnitte zu machen. Doch die ersten Australier brauchten keine Metallklingen, weil sie Obsidian besaßen, ein vulkanisches, wesentlich schärferes Gesteinsglas. Der Obsidian war auch einer der Gründe, warum die Aborigines bereits 15 000 Jahre vor den Europäern geschliffene Äxte kannten. Die Bruchkanten dieses vulkanischen Glases sind so scharf, dass heute noch viele Chirurgen Obsidianklingen modernen Metallinstrumenten bei Operationen vorziehen.

Die gestohlene Haarlocke

»… die Erde ist der Schorf der Missetäter, ihr tiefer
Schmerz sind die Risse der Roten Erde. Wusstest du, dass
es auf Rottnest Island ein Wellnesshotel gibt, das
270 Dollar die Nacht kostet?«

»Nein, so viel bezahle ich nicht für ein Hotelbett, Rob.«

»Dieses Hotel war ganz früher mal ein Gefängnis, in dem
meine Vorfahren wie die Tiere gehalten wurden. Heute gibt
es keinen einzigen Hinweis darauf auf dem Gelände. Kein
Gedenkstein. Keine Plakette.«

»Rob, weißt du, dass es Männer gab, die in Fußketten in
die Verbannung hierher geschickt und lebenslang ins
Arbeitslager gesteckt wurden, nur weil sie in England ein
gelocktes Haar oder ein Brot gestohlen haben?« Rob senkt
den Kopf.

»Das ist traurig. Das wusste ich nicht. Aber wir wissen
sowieso viel zu wenig übereinander. Ob der Hass jemals

aufhören wird? Der Schmerz ist zu groß. Vielleicht sogar auf beiden Seiten. Wie heilt die Zeit die Wunden, wenn es die Zeit nicht gibt?«

Lebenslänglich für einen geöffneten Brief

Vor Jahren war jeder Australier beleidigt, wenn er daran erinnert wurde, dass seine Vorfahren Verbrecher waren und sein Land anfangs nicht mehr und nicht weniger als das größte Gefängnis seiner Majestät von England. Und die Australier – das muss man heute sagen – waren völlig zu Recht beleidigt. Denn die Gefangenen, die in lichtlosen, faulig riechenden Schiffsdecks in Gitterkäfigen oder mit Fußfesseln in die neue Kolonie verfrachtet wurden, waren meist einfache Leute, deren Vergehen allein darin bestand, vor Hunger ein Stück Brot oder eine Rübe auf dem Wochenmarkt oder auch bloß ein Paar Seidenstrümpfe gestohlen zu haben.

Wer also mit Australiern auf das Thema der ersten Besiedlung zu sprechen kommt, sollte das Wort *criminal* – Verbrecher – auf jeden Fall vermeiden. Für den Zeitraum der frühen Deportation und der ersten Jahre des Landes bietet sich der Begriff *penal colony* – Sträflingskolonie – an. Falls das Gespräch auf die Vorfahren der weißen Australier kommt, sollte der Begriff *convict* für Sträfling beziehungsweise Verurteilter verwendet werden – oder man spricht besser gleich weitaus höflicher von den *first arrivals*. Denn zu den ersten Menschen, die in der Botany Bay landeten, gehörten neben den Sträflingen schließlich auch Seeleute, Soldaten, Wissenschaftler sowie deren Frauen und Kinder. Australische Freunde haben mir zwar erzählt, dass die sogenannten einfachen Seeleute den Sträflingen in ihrer Raubeinigkeit und Trinksucht in nichts nachstanden, doch macht es Sinn, diese Feinheiten den Australiern zu überlassen. Denn angesichts des oft überharten Schicksals ihrer Ahnen ist Respekt angebracht.

Der gleiche Respekt allerdings, den ich auch für die Vorfahren der Aborigines einfordere, die vielfach ins Gefängnis gesteckt wurden und Schreckliches erdulden mussten. Ein sehr heikles Thema, das man auf fröhlichen Grillpartys besser lassen sollte, wenn man die Stimmung nicht allzu schnell ruinieren möchte.

Mittlerweile sind viele Australier stolz darauf, jemanden der ersten Siedler, ja eventuell sogar Besatzungsmitglieder der ersten Flotte in der Ahnenreihe zu haben, der *First Fleet*. Sei es einen *con*, wie man die Strafgefangenen im australischen Slang salopp nennt, oder einen der 212 Seesoldaten, die für die Sträflingsdeportation abkommandiert waren.

Mittlerweile hat einer von fünf Australiern einen solchen Verbannten in der Familiengeschichte. Ahnenforscher wie Kevin McGuiness, der selbst vier Sträflinge vorweisen kann, spricht von einer inzwischen sehr einträglichen Suche nach den Vorfahren der Australier. Die aufwendigsten Ermittlungen würden von sogenannten *Ancestry-heritage*-Agenten durchgeführt. Für viele gelte: Je mehr *convicts*, desto besser! Ein Sträfling im Familienstammbaum, so der Historiker, bringe heute sogar gesellschaftliche Anerkennung mit sich.

Ein Paar Seidenstrümpfe

Während das sommerliche Sydney draußen unter neuen Hitzerekorden stöhnt, stehe ich in einem angenehm temperierten ehemaligen Sträflingszimmer, dem heutigen Raum Nr. 16 der Hyde Park Barracks, und schaue nachdenklich auf eine gläserne Tafel, auf der fein säuberlich die Namen und die Vergehen der ehemaligen Insassen aufgelistet sind.

Da gibt es einen Emanuel Attwood, 23 Jahre alt, ein Farmersjunge, der 1827 für sieben Jahre nach Sydney deportiert wurde, weil er etwas Mehl gestohlen hatte. In einem anderen Fall wurde ein 25-Jähriger namens Thomas Chaddick unter

Deck eingepfercht und lebenslang ins Arbeitslager verbannt, nur weil er in England zwölf Salatgurken zerstört haben soll. Völlig absurde Urteile, aus heutiger Sicht. Ein Achtzehnjähriger namens James Grace wurde für den Diebstahl eines Stoffbands und eines Paars Seidenstrümpfe nach Australien deportiert. Sieben Jahre Lager. Elisabeth Hayward war fast noch ein Teenager, als sie einen Kittel, eine Haube und einen Umhang stahl. Elisabeth wurde beschuldigt, diese Dinge von ihrem Dienstherrn entwendet zu haben, um sie in einem Pfandladen zu verpfänden. Strafe: lebenslängliche Verbannung.

England im Zeitalter der einsetzenden Industrialisierung. Tausende zogen vom Land in die Städte, wo sie nur Armut, hohe Preise, absurde hygienische Verhältnisse und unsichere Beschäftigungen fanden. In London erreichte die Bevölkerung bereits 1810 die Millionengrenze. Die Themse war eine einzige Kloake, die Hinterhöfe der Stadt waren stinkende Slums. Die industrielle Revolution fraß ihre Kinder. Tausende wurden zu Freiwild, zu Wanderarbeitern, zu Tagedieben oder Prostituierten. Die Gefängnisse waren bis zum Bersten gefüllt. Nur Gefangene mit Geld hatten eine Chance, sich freizukaufen; die korrupten Advokaten der Städte stritten sich um die lukrativsten Fälle. Wer gezwungen war, ein Stück Brot oder etwas Mehl zu stehlen, auf den wartete das Verlies oder die Verbannung auf die andere Seite der Welt.

Bereits 1776 war Britannien durch den Verlust der amerikanischen Kolonien gezwungen, eine neue Heimat für unerwünschte Sträflinge zu finden. Die menschliche Fracht wurde nach Gibraltar, Malaysia und auf die Andamanischen Inseln gebracht. Bis dann auf Ratschlag von James Matra, jenem Seemann, der gemeinsam mit James Cook 1770 in die Botany Bay gesegelt war, New South Wales als neue Sträflingskolonie ausgewählt wurde. 166 000 Gefangene kamen bis 1848 ins Land, wo sie und ihre Wärter – so ein Tagebucheintrag – vor allem Spinnen, Ratten, Schlangen und Moskitos vorfanden.

Frauenmangel in Sydney

Auf einem riesigen Panoramabild in den Hyde Park Barracks ist das damalige Sydney von 1822 zu sehen. Gemalt von einem Major namens James Taylor. Nach dreißig Jahren intensiver Baumaßnahmen hatte die Gefängnisstadt bereits so einiges zu bieten. Aber obwohl die großen Häuser rund um das heutige Hafenviertel The Rocks schon zu sehen sind, hat der Künstler ganz bewusst auf die Bordelle, die Spielhöllen und die Pubs, in denen damals Hahnenkämpfe stattfanden, verzichtet.

Was man hier zu sehen bekommt und was auch der britischen Krone präsentiert wurde, ist ein romantisch verklärtes Bild einer disziplinierten Stadt. Doch Sydney war anders. Sydney war rau, verrucht und voller Gewalt.

Die allerersten Häftlinge hatten, wie es auf einer Schautafel so schön heißt, noch freie Auswahl, wo sie schlafen wollten. Häuser gab es anfangs ja noch keine. Und Fluchtgefahr bestand auch nicht, denn wohin sollte man schon fliehen?

Aber einigen gelang die Flucht. Die wohl spektakulärste von allen war die von Mary Bryant, die sich sogar zurück bis nach London durchschlagen konnte, wo sie nach eigener Aussage lieber sofort am Galgen aufgeknüpft werden wollte, als noch einmal nach Sydney zurückzukehren. Da sie auf ihrer Flucht um die halbe Welt sowohl Stürme, Hunger, Fieber, Krankheiten und Kopfgeldjäger überlebt hatte, wurde sie in London frenetisch gefeiert. Der *London Chronicle* schrieb am 10. Juli 1792, es sei wohl die gefährlichste und wundervollste Anstrengung gewesen, die jemals ein Mensch auf sich genommen hat, um die Freiheit zu erlangen. Mary Bryant hatte auf ihrer Flucht sowohl ihren Mann verloren, der erschossen wurde, als auch ihre beiden einzigen Kinder, deren Leichen sie in der Verfilmung dieses dramatischen Stoffes eigenhändig von Bord eines Schiffes ins Meer wirft *(The Incredible Journey of Mary Bryant,* Australien, 2005*).*

Ich gehe noch einmal in jenen Raum Nr. 16, in dem die Namen und die Vergehen der Sträflinge aufgelistet werden. Besonders nachdenklich stimmt mich die Straftat eines 64-jährigen Mannes namens James Carter. Ein Schreiner und Schiffsbauer, der 1827 in die Strafkolonie verfrachtet wurde, nur weil er, wie es heißt, gelocktes Haar gestohlen hatte. Frauenhaar wahrscheinlich, das damals durchaus einen kommerziellen Wert besaß und zu Perücken verarbeitet wurde. Kein geringes Vergehen in der damaligen Zeit, auch wenn es uns heute martialisch erscheint, jemanden dafür sieben Jahre in die Verbannung zu schicken. Ich denke darüber nach, ob jener James Carter vielleicht einfach nur eine einzige Locke einer angebeteten Schönheit stahl. Wahrscheinlich aber wurde der arme Kerl in Ketten und Fußfesseln einfach nur deshalb in die Hölle geschickt, weil man zur damaligen Zeit in der neuen Sträflingskolonie New South Wales gute Schiffsbauer und Zimmerleute brauchte. Lebenslängliche Verbannung – wegen einer einzigen Haarlocke.

Draußen im Hof der Hyde Park Barracks gibt es noch eine Installation namens *Irish Famine Memorial*, die gern übersehen wird, weil die meisten Besucher nach dem Rundgang erst einmal tief durchatmen müssen. Sie ist zweitausend weiblichen irischen Teenagern gewidmet, die nach der großen Hungersnot in Irland (1845–1852) aufgrund des Frauenmangels einfach nach Sydney verfrachtet wurden. Viel zu lange hat man in Australien das teils schreckliche Schicksal der Frauen und jungen Mädchen verdrängt, die als Waisen einfach verschleppt wurden. Nun sind wenigstens diese zweitausend Mädchennamen in Glas verewigt. Wenn heute Australier ihre Vorfahren suchen und sich eine irische Ururgroßmutter darunter findet, dann war sie mit großer Wahrscheinlichkeit eines dieser jungen irischen Waisenmädchen.

Lost World

» Sieht man mehr, wenn man sich viel bewegt oder wenn man stehen bleibt und wartet?«

Jochen Schmidt

Bei einer Reise in die fernen Weiten des Outback, dorthin, wo das australische Land an seinen zeitlosesten Stellen bezeichnenderweise *Never Never* heißt, verschwindet früher oder später das, was wir Bewohner dicht besiedelter westlicher Welten die Tyrannei der Zeit nennen. Es scheint, als würde die uralte Landschaft mit ihren sich vor Hitze krümmenden Bäumen, den grotesken Steinen, den Emblemen einer magischen Welt, gleichsam die Zeit erodieren. In der Weite Australiens löst sich aber nicht nur der Zeitbegriff vollständig auf. Auch unsere gewohnte Sicht auf Räume und Weiten verliert hier irgendwann ihre Gültigkeit.

Deutschland würde 21-mal in die Fläche Australiens passen, Österreich 92-mal, die Schweiz sogar 186-mal und Indien immerhin noch zweimal – das zum Staatsgebiet gehörende

Australische Antarktisterritorium ist in diese Rechnung noch gar nicht einbezogen. Terra Australis – eigentlich ein unermessliches Land.

Australien ist ein so großes Land, dass selbst Briefträger den Pilotenschein brauchen, und fliegende Ärzte, die *Flying Doctors,* für einen Blinddarmdurchbruch auch mal die Royal Australian Air Force anfordern. Es ist das Land mit dem längsten Bauwerk der Welt, einem Zaun von über 5400 Kilometer Länge, dem längsten Golfkurs der Welt, dem Nullarbor Links, der ganze 1365 Kilometer lang ist, und der weltweit größten Rinderfarm. Die Anna Creek Cattle Station in South Australia ist sogar noch ein gutes Stückchen größer als Hessen.

Kein Wunder, dass angesichts solcher Dimensionen sogar die Einwohner des Landes manchmal den Überblick verlieren. So waren es ausländische Besucher, die in einem versteckten Winkel der riesigen Robin Hood Farm, nahe Percyville im Bundesstaat Queensland, im Jahr 1998 ein bis dahin völlig unbekanntes Paradies entdeckten. Berge, Schluchten und klare Seen mit Süßwasserkrokodilen. Die Besitzer der Farm hatten von einem derartigen Naturparadies auf ihrer Ranch noch nichts gehört und waren total überrascht. Nun ja, schließlich ist ihre *cattle station* so groß wie die Stadt Berlin. Verständlich, dass den fleißigen australischen Farmern, die sich hauptsächlich um ihre Rinder kümmern, da mal etwas aus dem Blick gerät.

Verborgene Schätze

Immer wieder geht in Australien etwas verloren. Schwer zu begreifen ist es allerdings, wenn den Australiern zeitweise eine ganze Region abhandenkommt. Erst 1983 entdeckte ein Dokumentarfilmteam beim Überflug über die östliche Kimberley-Region im Norden Westaustraliens die Bungle Bungle Range. Heute gehören die weltweit einmaligen, an rot gestreifte Bienenkörbe erinnernden Sandsteinformationen zu einem der schönsten Reiseziele in Australien. Vier Jahre nach der Entdeckung erklärte man das nur mit dem Allradfahrzeug zu erreichende Gebiet zum Nationalpark. Und 2003 wurde der Purnululu National Park sogar zum UNESCO-Weltkulturerbe erhoben. Vor zwanzig Jahren kamen gerade einmal zweitausend Menschen pro Jahr, heute besuchen annähernd 50 000 Menschen jährlich dieses Naturwunder. Es ist die ganz außergewöhnliche Karriere einer vergessenen Landschaft.

Allerdings war die Bungle Bungle Range den Aborigines der Region bereits seit Jahrtausenden bekannt. Als man einige Clan- und Stammesführer nach den farbenprächtigen, teils an Pyramiden erinnernden Strukturen befragte, sagten sie nur, man habe sie zuvor halt nie ausdrücklich danach gefragt.

Geheime Kunst im Land des Donners

Künstler lieben die Weite der australischen Ebenen. Als flachster Kontinent der Welt ist Australien für eine sehr aufwendige Kunstform, die sogenannte *Land Art,* regelrecht prädestiniert. Zwischen dem Oodnadatta Track und dem Eyre-Salzsee in Südaustralien findet man das herausragende Beispiel dieser Kunstrichtung, den sogenannten *Marree Man* – die größte Erdzeichnung, die jemals von Menschenhand geschaffen wurde. Die über vier Kilometer lange Geoglyphe eines nackten Aborigine mit Wurfholz ist nur aus sehr großer Höhe zu erkennen. Als der Buschpilot Trec Smith die riesige Bodenzeichnung 1998 zufällig bei einem Routineflug von Coober Pedy nach Marree entdeckte, wollte ihm zunächst niemand glauben. Wer das riesige Kunstwerk mit einem Umfang von 28 Kilometern angefertigt hat, bleibt bis heute ein Rätsel. In die roten Furchen hatte der Künstler weißen Kalk gestreut, sodass die Figur noch aus über einhundert Kilometer Höhe zu sehen war.

Der *Marree Man* führt erneut die gewaltigen Dimensionen Australiens vor Augen. Dabei fragt man sich natürlich schon, wie konnte es jemandem Ende der Neunzigerjahre gelingen, unerkannt ein so riesiges Kunstwerk in den roten Boden des Outback zu pflügen?

Die Gegend wird von den Aborigines Maralinga, Land des Donners, genannt. Hier, wo vor Jahrmillionen ein riesiger Meteor in die Erde einschlug, gab es von 1947 bis 1982 ein militärisches Sperrgebiet. Die V1-Raketentests der Nazis im Zweiten Weltkrieg veranlassten die Briten, mit eigenen Raketentests zu beginnen. Natürlich konnte man die Versuche nicht im dicht besiedelten England durchführen. Aber in Südaustralien gab es genügend unbewohnte Flächen, die sich der Aufmerksamkeit der Welt entzogen und in denen man ein entsprechendes Sperrgebiet, die Woomera Prohibited Area, errichten konnte. Besondere Aufmerksamkeit bekam diese Region erst, als England seinen ersten und einzigen Satelliten von hier ins All brachte. Was allerdings heute auch in Australien kaum mehr jemand weiß: bis in die 1960er-Jahre wurden in der Woomera Prohibited Area relativ unbemerkt von der Weltöffentlichkeit Nuklearwaffentests durchgeführt.

Die größte Zeichnung der Welt ist in unmittelbarer Nähe der Sperrgebiete angefertigt worden. Menschen besuchten dieses Gebiet sehr selten. Der bis heute unbekannte Künstler konnte sich also unbeobachtet über Wochen hinweg seiner Erdzeichnung widmen. Vielleicht ist der abgebildete Aborigine, der gerade ansetzt, das Wurfholz zu schleudern, ja ein stiller Protest – gegen was auch immer. Touristisch wird die größte Zeichnung der Welt nicht beworben, und sie wird auch nicht geschützt. Sonne, Wind und Regen machen sich an dem Kunstwerk zu schaffen. Auf die Anfrage beim Touristenamt und bei den Einwohnern der Stadt Marree, ob man das Kunstwerk denn nicht retten wolle, sagte man mir, in Australien gebe es so unglaublich viele *big things*, da werde dieser Verlust wohl zu verkraften sein.

Kontinent versus Land

Australien ist das sechstgrößte Land der Welt – das einzige, das gleichzeitig auch ein Kontinent ist. Woraus man allerdings nicht die Gleichung Kontinent = Land ableiten darf. Die meisten Australier sind genauso erstaunt wie wir Europäer, wenn man ihnen erzählt, dass der Kontinent Australien noch wesentlich größer und reicher und vielfältiger ist als das gleichnamige Land.

Denn wer sich den Spaß macht, beides miteinander zu vergleichen, wird verblüfft feststellen, dass es im Land Australien 2,9 Einwohner pro Quadratkilometer gibt, der Kontinent Australien aber 4,2 Einwohner pro Quadratkilometer aufweisen kann. Der Grund: Zum Kontinent Australien zählt auch noch die zweitgrößte Insel der Welt: Papua-Neuguinea mit fast einer Million Quadratkilometer.

Also kommen somit noch einmal mehr als tausend indigene Sprachen, ein überaus artenreicher Regenwald und einige ausgedehnte Korallenriffe hinzu. Ferner rutscht Australien bei dieser Betrachtung gleich ein gehöriges Stück nach Norden. Man könnte sicherlich so manchen Geografielehrer aus der Fassung bringen, wenn man behaupten würde, Australien berühre den Äquator. Aber es stimmt, zumindest was den Kontinent betrifft. Denn dessen nördlichster Punkt, die Insel Kabare, liegt genau auf dem Breitengrad Nummer null, dem Äquator.

Vergessene Welten

Gemeinsam mit Papua-Neuguinea besitzt Australien den ältesten Regenwald der Welt. In den dichten Wäldern und abgelegenen Hochplateaus des hohen Nordens wird es besonders geheimnisvoll. Jurassic Park lässt grüßen. Im urzeitlichen Warenkorb des Staates Queensland findet sich zum Beispiel der Cassowary, ein Riesenvogel aus der Saurierzeit und naher Verwandter des Tyrannosaurus Rex. Die tropische Landschaft stammt aus der Kreidezeit. Es gibt archaische Urwälder, mehr als hundertsechzig erloschene Vulkane und zahlreiche bis heute erhaltene Kraterseen.

Die im grünen Nordosten Australiens liegenden Hochplateaus des Cape Melville National Park gehören zu den unzugänglichsten und spektakulärsten Gebieten dieses Planeten. In den abgelegenen Bergwelten der Cape-York-Halbinsel, die für Jahrmillionen vom Rest der Welt abgeschnitten waren, fanden Forscher im Jahr 2013 in einem kleinen Stückchen Regenwald der Cape Melville Range drei bis dahin völlig unbekannte Wirbeltiere. Einige Jahre zuvor waren Urzeitforscher hier auf Dinosaurierskelette gestoßen und hatten kurz darauf die wohl sensationellste Entdeckung der Saurierforschung überhaupt gemacht: Diese Tiere hatten keine glatte Haut, sondern ein buntes Federkleid! Genau wie die heute in dieser Region Australiens lebenden Cassowarys.

Nicht zu Unrecht nennen Naturforscher die Cape-York-Halbinsel auch *Lost World*, die vergessene Welt. Sie nehmen damit Bezug auf den gleichnamigen Roman des britischen Schriftstellers Arthur Conan Doyle, des Erfinders von Sherlock Holmes. Die Handlung des Buches spielt zwar auf einem Dschungelhochplateau in Südamerika – aber nach der Lektüre denkt man sich, dass Doyle sich für seinen Plot doch besser Australien hätte aussuchen sollen.

The True Blue

»No worries, mate.«

Als das britische Fremdenverkehrsamt Hoteliers in England im Jahr 2014 bat, ihre australischen Gäste mit einem kurzen Satz zu charakterisieren, lautete das Ergebnis: Australier machen fiese Witze. Deutsche wurden als besonders kritisch, direkt und anspruchsvoll eingeschätzt, und wer aus Hongkong kommt, hat offensichtlich Angst vor Geistern.

Bei der Frage, was denn nun einen waschechten Australier ausmache, ist man sich in *Down Under* allerdings selbst nicht so recht einig. Wie sollte man auch einem Rinderfarmer, einem Minenarbeiter, einem Tauchlehrer und einem Aborigines-Künstler mit einer einzigen Charakterisierung gerecht werden? *Den* Australier, *die* Australierin gibt es nicht.

Identität durch Insektenvernichtungsmittel

Ähnlich den Neuseeländern haben sich auch die (vorwiegend weißen) Australier im Laufe ihrer Geschichte selbst immer wieder mit der Frage beschäftigt, was ihr Land und seine Menschen eigentlich ausmacht. Da beide Länder als britische Kolonien begannen, immer noch zum Commonwealth of Nations gehören und beide mit Elisabeth II. dasselbe Staatsoberhaupt haben, definiert sich ihre Identität zwangsläufig zuerst einmal an ihrer britisch geprägten Vergangenheit. Aus diesem Grund befinden sich auf der Liste der *Australiana*, also all der Dinge und Kulturgüter, die australisches Leben ausmachen, auch viele britische Importe, etwa die Sportarten Cricket und Rugby. Doch nach dem befragt, was ihre heutige Identität symbolisiere, zählen die meisten Australier gern auch skurrile Dinge auf. Welches andere Land würde zu seinen nationalen Kulturgütern voller Stolz so seltsam banale Dinge zählen wie den Rasenmäher *(Victa lawn mower),* mit Schaffell ausgekleidete Stiefel *(Ugg boots),* eine Hefeaufstrichpaste *(Vegemite)* oder gar ein Insektenvernichtungsmittel *(Mortein)*?

Die Menschen in Australien lieben alles, was sie aus ihrer Kindheit kennen, Dinge, die sie oftmals ihr ganzes Leben begleitet haben. Identitätsstiftend wirken da auch Kekse, Snacks und anderer Süßkram. Wer Details wissen möchte, sollte Australier nach *Iced VoVos*, einem Keks mit pastöser Zuckermasse, oder nach dem *Tim Tam Slam* befragen, der hohen Kunst, eine warme Flüssigkeit mittels eines Schokoriegels aufzusaugen.

Einst nur Titel eines Liedes von John Williamson, steht die Bezeichnung *True Blue* heute für alles, was der typisch australischen Wesensart entspricht. Im Idealfall wäre der Aussie demzufolge: standhaft, verlässlich, fair, praktisch veranlagt, hilfsbereit und sportbegeistert. Ausnahmslos edle und positive Eigenschaften also, die sich, so die Legende, in einer von Männern dominierten Welt der ersten Siedler, Goldsucher und verwegenen Entdecker herausgebildet haben.

Heute sind diese australischen Stereotypen und Mythen kritisch zu hinterfragen. Viele überlieferte Leitbilder entstammen dem Outback, dem Land der roten Erde und der staubigen endlosen Pisten. Es sind Legenden, in denen mutige, harte Kerle mit feuchten Kehlen heroisiert werden sowie Frauen, die den Männern in Sachen Mut und körperlich harter Arbeit in nichts nachstehen. Mythen, die sich auf die Nachkommen der Pioniere und Siedler beziehen – verkörpert durch die klassischen Outback-Typen des Jillaroo (Cowgirl), Jackaroo (Cowboy) oder eines Crocodile Dundee, jenes von Paul Hogan verkörperten Filmhelden, der sich Krokodilzähne ins Hutband einarbeiten ließ und als Halskette um den Hals trug.

Heutzutage leben allerdings gerade noch fünf Prozent der Australier im Outback, dem Bush oder auch – wie es so schön heißt – im *hinterland*. Und obwohl es tatsächlich noch leibhaftige Crocodile Hunter gibt, harte Kerle, die Krokodile niederringen, besteht die überwiegende Mehrzahl der Australier inzwischen aus ganz normalen Küsten-, Stadt- und Strandbewohnern.

Treue Seelen

Für mich sind Australier prinzipiell optimistisch. Selbst wenn sie mäkeln, kommt ihnen doch irgendwann ein gewinnendes Lächeln über die Lippen. Australier hassen Aufdringlichkeit, Übereifer, Diensteifer (insbesondere bei Polizisten und Steuerbeamten). Sie missbilligen jede Form von Zudringlichkeit und mögen Aufschneider und Angeber nicht. Sie misstrauen allem, was mit Disziplin zu tun hat, und sind überaus skeptisch und vorsichtig, wenn sich sogenannte Eliten herausbilden – ausgenommen natürlich solche, die sich dem Sportsgeist verpflichtet fühlen. Darüber hinaus sind sie leidenschaftlich und treu. Wenn sie einmal jemanden wirklich ins Herz geschlossen haben, bleibt der dort – ein ganzes Leben lang.

Die größte Liebesaffäre der Nation zeigt sich in der hemmungslosen Verehrung von ABBA. Ein Ausdruck der Treue und Leidenschaft, der selbst die schwedischen Popmusiker bis heute erstaunt. Seit über vierzig Jahren wächst diese Liebe, die in den 1970ern schon mal 200 000 Aussies bei strömendem Regen zu einem Livekonzert in den Sydney Showground lockte.

Nach einer kurzen Phase musikalischer Pubertät, in der man sich von ABBA emanzipierte und lieber dem Rock und Punk hingab, erwachte die Liebe in den Neunzigerjahren erneut, als die alten Idole in den Filmen *Muriels Hochzeit* und *Priscilla – Königin der Wüste* ihre musikalische Wiederauferstehung erlebten. Wie gern hätte man das schwedische Quartett eingebürgert. Was folgte, waren ein ABBA-Musical, das alle Besucherrekorde brach, und eine eigene Ausstellung namens ABBA World. Die treuesten Fans findet man heute, wie in anderen Ländern auch, in der Gay-Bewegung. Allerdings samplen auch australische Hip-Hopper und Rapper gern die Lieder der vier Schweden. *ABBA – an ever lasting love*, sagte mir eine Bekannte aus Perth, die mich zum Frühstück in das schwedische Hotel Miss Maud begleitete. Man kann sich denken, welche Musik dort in Endlosschleife zum übrigens hervorragenden Smörgåsbord gespielt wurde. *Money, money, money …*

Mateship in der Verfassung

Der Begriff *mateship* hat sich auf hoher See entwickelt. Einst nur die Bezeichnung für einen Vertrag zwischen zwei Schiffen, wurde er schnell zu einem Synonym für den Zusammenhalt der Matrosen auf hoher See. Im Zweiten Weltkrieg wurde er dann nochmals in einem anderen Sinn verwendet: für Männer, die gemeinsam durch dick und dünn gehen.

Waldbrände, Dürren, tropische Wirbelstürme, Flutkatastrophen und Tornados – den klimatischen Herausforderungen können Australier nur entgegentreten, indem sie zusammenstehen und einander helfen. Der Poet Les Murray schlug einst sogar vor, den Begriff *mateship* und die damit verbundene kameradschaftliche Freundschaft, Solidarität und Hilfsbereitschaft in die australische Verfassung aufzunehmen.

Heute wird der Begriff nicht mehr ganz so eng wie zu Großvaters Zeiten ausgelegt. Es gibt mittlerweile sogar australische Männer, die ihrer Freundin den Ehrentitel *mate* verleihen. Wie humorvoll und spielerisch das moderne Australien inzwischen mit seinen traditionell stark mit Pathos besetzten Begriffen umgeht, kann man wunderbar im Film *Red Dog* sehen, wo es *mateship* nicht nur zwischen Männern und Frauen, sondern auch zwischen Hunden und Menschen und – man höre und staune – zwischen Hunden und Katzen gibt.

You gotta laugh, mate

Zwar ist auch dem australischen Englisch der deutsche Begriff *Weltschmerz* nicht fremd, melancholisch sind die Aussies aber selten. Einer ihrer größten Trümpfe, um aufkommende Traurigkeit zu besiegen, ist der ausgesprochen deftige Humor.

Als Steady Eddy, ein australischer Comedian, früher auf die Bühne kam, konnte man meinen, er mache sich über die Behinderten lustig. Doch sein humpelnder Gang war nicht gespielt. Steady Eddy, der im richtigen Leben Christopher Widdows heißt, ging nur äußerst humorvoll und positiv mit seiner eigenen, frühkindlich erworbenen Bewegungsstörung um. Man müsse, so sagte er, jeden Tag über sich selbst lachen können, das sei einfach *Aussie-like*.

Von diesem Appell inspiriert, bewiesen die Australier bei den Olympischen Spielen 2000 in Sydney, wie ein ganzes Land sich selbst auf den Arm nehmen kann. Millionen Zuschauer haben sich damals über jenen Mann amüsiert, der während der offiziellen Eröffnungszeremonie noch schnell den Rasen mähen wollte. Leider sprang sein motorisierter

Rasenmäher erst in jenem Moment an, in dem man die Eröffnungsrede halten wollte. Der außer Kontrolle geratene Rasenmäher riss die ganze Bühne ein. Die perfekt inszenierte Einlage wurde von einigen vorab nicht informierten Fernsehstationen für eine peinliche Panne gehalten. Doch die Australier machten sich nur über eine ihrer Ikonen lustig, die hohe Kunst des Rasenmähens. Nicht anspringende Rasenmäher sind ein Problem, über das australische Männer stundenlang fachsimpeln können. Und der häusliche Rasen ist ihr ideales Trainingsgelände. *Der* Ort der Identitätsfindung. Platz leidenschaftlicher Hingabe und Selbstverwirklichung.

Hammer für Linkshänder

Australier nehmen sich zwar sehr gern selbst auf den Arm, aber noch weitaus lieber ziehen sie andere durch den Kakao. Sehr beliebt ist es, unwissende Besucher des Landes mit erfundenen Geschichten über menschenfressende Bären (den berühmten *drop bear*) oder mithilfe unmöglicher Aufgaben aufzuziehen. Diese Methode, jemanden aufs Glatteis zu führen, nennt sich *snipe hunt*. So dürfen sich ausländische Backpacker, die einen Job als Handwerker gefunden haben, nicht wundern, wenn sie um einen *left handed screwdriver*, einen Schraubenzieher für Linkshänder, oder um das *hammer grease* gebeten werden, also um Fett, mit dem sich der Hammer einschmieren lässt. In einer abgelegenen Autowerkstatt kann einem schon mal die sinnreiche Frage gestellt werden, ob die *headlight fluid*, die Scheinwerferflüssigkeit, auch kontrolliert werden soll (die es natürlich nicht gibt). Da geht man als Ausländer, je nach Kenntnisstand und Sprachverständnis, durchaus gern auf den Leim, vor allem wenn die Anweisung oder Frage selbstbewusst und mit ernstem Blick vorgetragen wird. »Was, von einem Hammer für Linkshänder habt ihr in Europa noch nie etwas gehört, das ist aber seltsam.«

Der Leonardo da Vinci Australiens – ein Aborigine

Man sollte nicht alles für bare Münze nehmen, was einem erzählt wird. Vor allem im Outback nicht. Denn für ein kühles Bier würde der Australier Kopf und Kragen riskieren. Dabei vertreten Australier ihre Geschichten mit solch einer Inbrunst, mit solch einem Charme und mit solch einer Hingabe, dass man ihnen einfach nicht böse sein kann. Manchmal wird man jedoch nicht das Opfer einer Schwindelei, sondern zum Opfer der Wahrheit, so wie es mir selbst in einem Pub in Perth passiert ist.

Nachdem ich ein Bier spendiert hatte, wurde mir erzählt, es gebe da einen Mann, einen gewissen Henry Sutton, der wegen seiner Erfindungen als »Leonardo da Vinci von Australien« gelte. Dieser begnadete Tüftler habe nicht nur das erste tragbare kabellose Radio der Welt erfunden, sondern darüber hinaus noch ein paar andere *kleinere* Erfindungen gemacht. Unter anderem gingen ein Vorgänger des Fernsehens, diverse Telefone, die Glühbirne, ein Helikopter, der Farbdruck, eine aufladbare Batterie sowie einige Vakuumpumpen auf ihn zurück – und ach ja, nicht zu vergessen: Raketen habe Henry Sutton auch noch erfunden.

Jetzt fehlte nur noch, dass man mir auch die Wäschespinne, den Xerox-Fotokopierer, die Blackbox im Flugzeug, die Mikrochirurgie und das Plastikgeld als Erfindungen dieses Herrn Sutton verkaufen wollte. Alles übrigens australische Erfindungen! Zu meiner Überraschung jedoch gab es Henry Sutton tatsächlich. Keine einzige seiner im Pub aufgelisteten Schöpfungen war erfunden. Unglaublich, dass ein Mensch, der so viele bahnbrechende und wegweisende Erfindungen gemacht hat, auf der nördlichen Halbkugel gänzlich unbekannt ist.

Allerdings gebührt der Titel »Leonardo da Vinci Australiens« dann doch eher einem genialen Aborigine, wenigstens heutzutage und ehrenhalber, denn zu seiner Zeit hätte den armen David Unaipon (1872–1967) bestimmt niemand so genannt. Im Laufe seines Lebens hat Unaipon neunzehn Patente auf seine Erfindungen erhalten. Wie viele Erfindungen abgelehnt und wie viele Ideen gestohlen wurden, mag man lieber gar nicht wissen. Ein kluger, frischer Geist war er, dieser Unaipon, doch ihm fehlte das Geld, seine Ideen umzusetzen. Inspiriert von der Kultur seiner Ahnen, beschäftigte er sich intensiv mit dem Flug des Bumerangs und wollte nach dem daraus abgeleiteten Prinzip einen Helikopter entwickeln. Seine größte praktische Erfindung aber, die der Schafnation Australien gut zu Gesicht stand, war ein Gerät, das die wundersame Gabe hatte, das Schafscheren zu optimieren.

David Unaipon erfand Triebkraftverstärker, einen Zentrifugalmotor und ein Radialrad. Für keine einzige seiner zahlreichen Erfindungen erhielt er jemals einen Cent. Er war zugleich auch der erste Schriftsteller der Aborigines. Aber seine Erzählungen wurden von einem Anthropologen vermarktet, der sie unter seinem eigenen Namen veröffentlichte. Erst 2006, fast vierzig Jahre nach seinem Tod, wurden David Unaipons Werke unter seinem Namen veröffentlicht. Unaipons Porträt ist heute auf dem 50-Dollar-Schein zu sehen. Eine kleine Wiedergutmachung des australischen Staates, der seinen besten Erfinder einst völlig im Stich ließ.

Der Traum von der Freiheit

Zu den großen Fünf der australischen Träume zählt neben Barbeque, Surfen, Bier und Glücksspiel auch das, was ironisch der Traum von einer *McMansion* genannt wird. Das Glück, ein Häuschen im Grünen zu besitzen, gern auch mit Wintergarten, der natürlich in Australien *sunroom* heißt, also Sonnenraum. Es ist der *Great Australian Dream* schlechthin.

Auf so einem Grundstück ist ein eigener Garten Pflicht. Aber weil *Great Australian Dream* eben *großer* australischer Traum bedeutet, sollte es dann schon ein weiträumiger Garten mit Obstbäumen und Gemüsebeeten sein. Ein eigener Grillplatz, ein kleiner Pool wären schön, eine Garage muss sein oder wenigstens ein Carport. Natürlich auch ein Geräteschuppen, Aufbewahrungsort für den motorisierten Rasenmäher.

In Australien gab es bislang Platz genug für derartige Träume, und weil man stets großzügig dachte – gleich mehrere Schlafzimmer nebst eigenem Bad sowie ein Fernsehzimmer mussten es schon sein! –, verwundert es nicht, dass die durchschnittliche Wohnfläche mit 214 qm² fast doppelt so groß ist wie in Deutschland (109 qm²). Besonders stolz verweist man darauf, wohnflächenmäßig selbst Länder wie Kanada, die USA, vor allem aber Neuseeland hinter sich gelassen zu haben.

Allerdings ist es in den vergangenen Jahren immer schwieriger geworden, sich den Traum vom großen Heim tatsächlich zu erfüllen. Die Grundstücks- und Immobilienpreise sind explodiert. Bereits seit 2001 spricht man von einer Immobilienblase. Die Australier fürchten um ihre Lebensqualität.

Längst ist es, gemessen an seiner Bevölkerungszahl, eines der am stärksten urbanisierten Länder der Welt. Ein Rekord, der auch den meisten Australiern nicht mehr geheuer ist. Was geschieht, wenn jeder den gleichen Traum vom eigenen Häuschen träumt, sieht man heute an der Zersiedelung der Städte.

Rein topologisch gesehen, glaubte man sich in Australien lange auf der sicheren Seite. Weites flaches Land. Endlose Ebenen. Wer sollte das Wachstum der Städte bremsen, sie jemals zwingen, in die Höhe zu wachsen? Allein an der Küste, wo dem Drang nach räumlicher Ausdehnung durch das Meer natürliche Grenzen gesetzt sind, entstehen notwendigerweise Hochhäuser. Übrigens nicht nur der guten Meeresaussicht, sondern auch des Profits wegen. Besichtigen kann man diese baulichen Exzesse besonders gut am Surfers Paradise in Queensland, wo sich in den letzten Jahren eine ziemlich gesichtslose Skyline entwickelt hat.

Doch hat das, was die Australier *urban sprawl* nennen, das Wuchern der Städte Richtung Horizont, längst auch im Inland eine natürliche Grenze erreicht. Das Wachstum der Vororte wird zusehends gefährlich, weil mit jedem Haus, das näher am Buschland steht, unweigerlich auch die Waldbrandgefahr steigt.

Außerdem sind die Preise rapide gestiegen. An Neubauten am Stadtrand, an ein Häuschen mit Garten ist nicht mehr zu denken. Häusermieten von achttausend Dollar machen auch den Aussies zu schaffen. In einer Mischung aus Humor und

Verzweiflung werden ganze Stadtviertel umbenannt. Aus Double Bay in New South Wales wird *Double Pay*, und aus Potts Point im selben Bundesstaat wird *Posh Point*, also die piekfeine Gegend.

Vor einigen Jahren noch haben mich Freunde aus Sydney ausgelacht, als ich ihnen bei uns in Berlin die Schrebergärten zeigte. Besonders lustig fanden sie das Wort »Kleingartenkolonie«. In Australien hatte man schließlich seinen *großen* Gemüsegarten direkt am eigenen Haus *in der Stadt*. Bis dato undenkbar, dafür eigens aufs Land fahren zu müssen.

Doch heute sind es genau die Freunde von damals, die ihren Traum vom Leben auf dem Land verwirklichen wollen. Allerdings tun sie dies erhobenen Hauptes – und nennen das, was sie nun tun, *Lifestyle Farming*. Während man sich am Rande der Städte allenfalls noch kleine Schachteln in Leichtbauweise leisten kann, boomt das Geschäft mit der Lifestyle Farm. Es gibt ihn also doch noch, den *Great Australian Dream*. Nur eben ein bisschen anders.

Luftraum kaufen

Wer vom Balkon oder der Terrasse seines Apartments einen freien Blick auf den Pazifischen oder Indischen Ozean hat, ärgert sich zu Recht, wenn die dem Ozean näheren, niedrigeren Häuser aufgestockt werden. Schließlich hat man die Wohnung nur gekauft, um den goldfarbenen Flecken Sand und das türkisfarbene Stückchen Wasser jederzeit genießen zu können. Niemand möchte sich diese wunderbare Aussicht wieder nehmen lassen. Doch an der Golden Coast und der Sunshine Coast gibt es eine Möglichkeit, die aufstrebenden Bauwünsche der Nachbarn auf raffinierte Weise zu unterbinden. Man kauft einfach den Luftraum über jenem Haus, dessen weiteres Höhenwachstum einen stören würde. Dieses *strata title* genannte Recht auf Baublockade ist eine australische Erfindung, die 1961 eingeführt wurde und eigentlich dafür gedacht war, dass *irgendein* Teil eines Besitzes gekauft werden könnte. Ein Mäuerchen, ein Gehweg, der Zaun des Nachbarn oder eben, welch wunderbare Vorstellung, der Luftraum über einem Haus. Man muss sich finanziell halt nur einigen.

Ich frage mich, was zwei Kubikmeter Luftraum über dem Strand der Gold Coast wohl so kosten mögen. Wenn ich mich jetzt nicht verrechnet habe, sind das immerhin zweitausend Liter australische Luft.

Ich liege am Strand von Brisbane – in einem Liegestuhl mit aufgedruckter australischer Flagge – und hänge zukunftsweisenden Gedanken nach. Wenn sich meine Bücher gut verkaufen, könnte ich mir ja etwas völlig Ausgefallenes leisten. Etwas, das einen materiell nicht so stark belastet, etwas, das man bei Umzügen nicht mit sich herumschleppen muss. Luftraum zum Beispiel. In meinem Kopf spielen sich hübsche Verkaufsgespräche ab. Ja, ich hätte gerne zwanzig Kubikmeter Luftraum in etwa dreißig Meter Höhe über dem Strand von Brisbane und dann gern, falls noch zu haben, weitere zehn über dem Bondi Beach in Sydney. Beste Luftlage, bitte.

Am nächsten Tag gehe ich zu einem strandnahen Immobilienmakler, den man angesichts derart traumhafter Kauf- und Anlagemöglichkeiten auch Luftmakler nennen könnte. Ich erkundige mich, was so ein Kubikmeter australischer Luft in etwa zwanzig Meter Höhe am Strand denn kosten würde. Der Makler, der in seinem eleganten schwarzen Anzug und weißem Hemd eher an einen Banker erinnert, meint, der *strata title* sei in meinem Fall leider nicht zu gewährleisten.

»Zwanzig Kubikmeter reichen nicht. Es müssen schon paar mehr sein, um den Blick von Ihrer Wohnung aufs Meer sichern zu können. Es geht immer um eine ganze Schicht Luft. Und Sie müssen vorher natürlich selbst ein Grundstück oder ein Haus mit Meerblick besitzen. Zumindest ein eigenes Appartement in entsprechender Lage. Sie können nicht einfach australischen Luftraum kaufen und diesen blockieren«, beschied mir der Makler mit einem freundlichen Lächeln.

Schade. Eigentlich hatte ich mir ja niemals Gedanken über den Erwerb von australischem Luftraum gemacht, aber nun gefiel mir die Idee doch wirklich gut. Schon erstaunlich, auf was die Australier mitunter so kommen, um den Blick aufs Meer weiter genießen zu können.

Einen eigenen Staat gründen

Früher, als der Erwerb von Grundbesitz, Wasserflächen oder Luftraum noch mit weniger Mühe und Kosten verbunden war, ließen sich auch verwegene Freiheitsträume leichter in die Tat umsetzen. Der Wunsch nach einem völlig selbstbestimmten Leben gipfelte in der Gründung eigener Staaten und Fürstentümer. Zeitweise gab es auf dem Boden der australischen Nation mehr unabhängige Territorien als in jedem anderen Land der Welt. Heute gibt es immerhin noch zwei selbstständige, vom Parlament allerdings nur tolerierte Mikrostaaten in Australien. Wer mit dem Gedanken spielt, auf australischem Territorium einen eigenen Staat zu gründen, könnte sich zum Beispiel von einem Prinzen in Westaustralien inspirieren lassen. Das dortige Fürstentum, die Principality of Hutt River, 517 Kilometer nördlich von Perth, ist etwa so groß wie Hongkong. Es hat eine eigene Währung, eigene Briefmarken und ebenjenen eigenen Prinzen. *His Royalty Highness Prince Leonard*. Ein ehemaliger Farmer.

Seine Hoheit Leonard Casley arbeitete früher für eine Schiffsfirma in Freemantle und später in der Landwirtschaft. Seine Freizeit verbrachte er damit, die vom australischen Parlament beschlossenen Gesetze zu studieren. Ein zugegebenermaßen seltsames Hobby, das ihn aber auf eine interessante Gesetzeslücke aufmerksam machte. Davon inspiriert, erklärte er sich und seine Farm im Jahr 1970 kurzerhand zu einem unabhängigen Staat. Die verantwortlichen Behörden in Canberra legten zwar offiziell sofort Protest ein, doch Prince Leonard erklärte der australischen Regierung daraufhin ebenso offiziell drei Tage lang den Krieg und mobilisierte sogar seine eigenen Streitkräfte (eine befreundete Farmersfamilie und ihre Mähmaschinenflotte). Was sich wie eine verrückte Farce anhört, entwickelte sich in den Gerichtssälen in der Folgezeit zu einem interessanten Duell. Schließlich berief sich Casley auf ein altes britisches Gesetz. Selbst ihre Hoheit Elisabeth II. war nicht in der Lage, hier zu intervenieren. (Prince Leo hatte sie daraufhin zu einem Tee auf der Terrasse seines Farmhauses eingeladen, was das Königshaus jedoch ablehnte).

Letztlich kam es zu einem Deal, der für den tapfer um seine Selbstständigkeit kämpfenden Farmer Leo recht beachtlich war. Seiner Royal Highness Leonard Casley wurde Immunität gewährt. Das Fürstentum Hutt River blieb steuerfrei und durfte fortan eigene Briefmarken und eine eigene Währung herausgeben. Sehr bald wehte über der Farm auch eine eigene Flagge. Allein die Visa und Stempel in den Pässen der begeisterten Touristen und Besucher erwiesen sich in der Folgezeit als äußerst problematisch. Da es über die Reisepässe zu kriminellem Missbrauch und skurrilen Anträgen auf Asyl kam, gab es 2008, nach immerhin 38 Jahren der sorgenfreien Regentschaft, einen Beschluss des EU-Parlaments, in dem die Pässe des Fürstentums als *Fantasy Passports* bezeichnet und offiziell für ungültig erklärt wurden. Auch die offizielle Vertretung des Fürstentums in Berlin musste ihre Tätigkeit auf Druck der australischen Regierung schweren Herzens einstellen.

Zum derzeitigen Zeitpunkt (Juli 2014) kann das Fürstentum noch besucht werden. Der in die Jahre gekommene Regent weiß jedoch nicht, ob sein Sohn – der eine unerklärliche Vorliebe für die Landwirtschaft entwickelt hat – der anspruchsvollen Tätigkeit der Repräsentation eines freien Fürstentums gewachsen wäre und die Geschäfte des Fürstentums übernehmen möchte.

Sydney – die Wasserstadt

»An der Parramatta-Road lagen früher die Pferdestallungen von Sydney, deshalb gibt es hier heute so viele Autohändler.«

Peter Carey

Gerade nach einem langen Flug in Sydney eingetroffen? Neu in der Stadt? Vielleicht macht einem sogar noch der Jetlag zu schaffen? Mein Tipp: Kaum eine andere Stadt liegt mit ihren Buchten, Stränden und Inseln so privilegiert am Wasser wie Sydney – also ab in die Unterkunft, Gepäck abstellen. Tüchtig Sonnencreme mit hohem Lichtschutzfaktor auftragen, Kopfbedeckung, Sonnenbrille und Schwimmsachen nicht vergessen und direkt ab auf die Fähre. Von der Ablegestelle, den Circular Quays, könnte man einen Ausflug zum nahen Manly Beach am Northshore machen, um gleich einen der schönsten Ausblicke auf die Stadt zu genießen. An der East Esplanade in Manly gibt es eine wunderbare kleine Brauerei namens *4 Pines* mit den für mich besten Bieren der Stadt, unglaublichen Steaks und einer sehr ambitionierten Bouillabaisse. Abends ginge es dann im Lichterglanz übers Wasser zurück, illuminierte Oper und Harbour Bridge inklusive.

Wer möchte, könnte wahlweise auch ein Picknick auf Shark Island, einer der acht Inseln im Sydneyer Hafen, machen. Das kleine Eiland ist mit der Fähre in ein paar Minuten zu erreichen. Es gibt fünf Picknickplätze, einen sehr begehrten *gazebo*, also einen Pavillon, einen kleinen Strand und sogar einen eigenen Leuchtturm, der etwas abseits der Insel aus dem Wasser ragt. Angeblich soll die Form der Insel einem Hai ähneln, deshalb der Name.

Die meisten Besucher Sydneys beschränken sich bei ihrem Bummel zunächst auf den relativ kleinen Bereich rund um den Hafen – die Oper, die Harbour Bridge, das Hafenviertel The Rocks und die Circular Quays –, und sie tun gut daran. Hier hatte die Stadt ihren Ursprung, hier schlägt ihr historisches Herz. Wer seine Streifzüge am Hafen beginnt, sollte aber auch wissen: Dort werden die stolzesten Preise verlangt. Wer The Rocks, den ältesten und touristisch populärsten Stadtteil Sydneys, durchkämmt hat, darf auf keinen Fall den Stadtteil Newtown verpassen, um wenigstens ein bisschen wahres Flair zu schnuppern. Kreuzberg mit einem guten Schuss St. Pauli auf Australisch.

Die größte Stadt Ozeaniens ist kein Platz, um sich zu verkriechen, sondern ein idealer Ort, um sich in Australiens Strandleben zu stürzen. Dazu bietet sich der legendäre Bondi Beach für einen Ausflug an. Dort gibt es das *Bondi Icebergs,* einen Club mit türkisfarbenem Meeresfreibad (Führerschein oder Pass genügt als Clubeintrittskarte). Bevor man in den prächtigen Pool steigt, lohnt vielleicht vorher noch der Abstecher an die Seafood Bar. Ein Drink, ein paar Gamberetti mit Aïoli und frischer Limette und dabei den Blick entspannt übers Wasser gleiten lassen.

Einen der schönsten Ausblicke auf die Stadt hat man von der Sternwarte, oben auf dem Observatory Hill. Einfach das wunderbare Buch *Der Sternenleser* von Kate Grenville mitnehmen, in dem die wahre Geschichte des Astronomen und Sprachforschers William Dawes und seine Begegnung mit dem Aborigines-Mädchen Patyegarang erzählt wird. Wer möchte, kann im Observatorium auch einen richtigen Stern nach seiner / seinem Liebste / n oder nach sich selbst benennen.

Wer für das herrlichste aller Feuerwerke an Silvester nach Sydney kommt, sollte sich unbedingt früh *(am Vormittag!)* auf den Weg zu den *best viewing spots* machen und sich einen guten Platz sichern. Die meisten Tore zu den schönsten Aussichtspunkten werden schon am Nachmittag geschlossen. Und unbedingt eine Decke, einen Picknickkorb, Sonnenschutz und genügend Wasser mitnehmen. Um 21 Uhr gibt es für alle Kinder und Ungeduldigen, die schon früher nach Hause müssen, ein kleines zweiminütiges Vorfeuerwerk. Die sieben Tonnen Pyrotechnik auf der Brücke und am Hafen werden dann um Mitternacht in knapp zwölf Minuten in einer tollen Feuer-Wasser-Choreografie verballert. *Once in a lifetime you should see that ...*

Einer meiner Lieblingsplätze in Sydney ist eine enge Straßenschlucht am Angels Place, kaum zwanzig Minuten zu Fuß vom Circular Quay entfernt. Mitten in der City ist hier der hübsche Vogelgesang des Superb Lyrebird und des Fan-Tailed Cuckoo zu hören. Nachts das tiefe Heulen der Powerful Owl und die sanften Kuckucksrufe des Southern Boobook.

Der Clou an der Sache ist: All diese Vögel gibt es längst nicht mehr. Die Töne erklingen aus sehr schön gearbeiteten, wenn auch leeren Vogelkäfigen, die in zehn Meter Höhe zwischen den pittoresken Häusern hängen. Eine Gedenkstätte der ganz besonderen Art. Eine, die ausgestorbene Vogelarten würdigt, ihrer gedenkt und für die Nachwelt zumindest das erhalten hat, was die Tiere so liebeswürdig macht: ihren wunderbaren Gesang. Eine großartige Idee des Künstlers Michael Thomas Hill.

Meinen stimmungsvollsten Kinoabend hatte ich am Ufer des Sydneyer Hafens. Im St. George Open Air Cinema blickt man neben der Leinwand auf die wunderbare abendliche Kulisse der beleuchteten Oper und der Harbour Bridge. Man sollte sich allerdings nicht auf die hinteren Plätze unter den Bäumen setzen, da zu den abendlichen Besuchern des Freikinos auch immer einige Flugsaurier gehören: Flughunde, die gern von den Ästen aus ihre Hinterlassenschaften auf die Zuschauer herabregnen lassen.

Die Nacht im Zoo

Was für ein Weltklassepanorama. Vor mir eine dahingleitende Fähre im Sydney Harbour, die gerade die kleine Insel Fort Denison passiert. Von rechts schwenkt der Blick über den Robertsons Point nach Port Jackson. Es schwebt die Harbour Bridge und thront das Opernhaus im weiten Dunst der Ferne. Die Skyline der Stadt samt Sydney Tower verwandelt sich in den Abendstunden in einen Scherenschnitt mit roter Korona. Ich ahnte ja schon lange, dass die Giraffen im Zoo von Taronga oben auf dem Hügel die beste Aussicht über den Hafen von Sydney genießen. Unbezahlbar sozusagen. Sie blicken gleich rüber nach Darling Point, wo ein Haus auf dem Hügel mit Wasserblick schon mal fünfundzwanzig Millionen Dollar kosten kann. Ob die Giraffen diese Aussicht wirklich zu schätzen wissen?

Ich sitze in meinem luxuriösen Zelt im Zoologischen Garten und schaue aufs weite Wasser. Ein Prachtzelt mit hölzernem Boden, Wasserversorgung, Stromanschluss und bezogenem Bett. »Glamouröses Camping« – kurz Glamping – nennt sich so etwas und ist samt erleuchteter Glamour-City im Abendlicht nicht gerade günstig zu haben. Aber die Veranstaltung, die witzigerweise *Roar & Snore* heißt (Brüllen und Schnarchen), wollte ich mir auf keinen Fall entgehen lassen.

Eine Übernachtung im Zoo also, Einschweben mit der Seilbahn oder der Fähre inklusive.

Das Spektakel beginnt, wenn alle Tagesgäste den Zoologischen Garten verlassen haben. Gemessen an der Länge sonstiger australischer Briefings, gibt es erstaunlich wenige Instruktionen vorab. Es wird Champagner zum Sonnenuntergang gereicht. Es gibt gepflegten Small Talk beim Snack, bevor dann Spannung aufkommt, als sich einige Reptilien unter die Gäste mischen. Eine zwei Meter lange Pythonschlange und ein niedliches Babysalzwasserkrokodil lassen sich hautnah bestaunen. Wir machen einen Abstecher zum ersten in Australien geborenen Asiatischen Elefanten mit dem hübschen Namen Luk Chai. Das sei Thailändisch, sagt man uns, und heiße *Sohn* oder auch *Triumph*. Ich fange noch schnell eines der beliebtesten Sydney-Zoo-Fotomotive ein: Giraffenhals überragt Sydney Tower, dann wird geschlafen.

Statt eines Weckerklingelns höre ich das Brüllen der Löwen. Die uns betreuenden Zooguides sind lustig und charmant. Nach dem Frühstück und der Giraffenfütterung weisen sie uns auf einen Koala hin, der aussieht, als wäre er mit dem Kopf gegen einen Baumstamm gerannt und dann in dieser Position festgefroren. Der Schriftsteller Peter Carey schrieb in seinem Reiseführer *30 days in Sydney*, der Koala habe zwar einen großen Kopf, jedoch nur ein Gehirn von der Größe einer Mandarine. Tatsächlich benötigt das schlafsüchtige Tier fast seine gesamte Energie für die Verdauung giftiger Blätter und die Aufzucht der Jungtiere. Eine ökologische Nische, in der nicht viel Aufregendes passiert – es sei denn, es ist mal wieder eine Neubausiedlung an einem Eukalyptuswald geplant.

Nun, sicherlich sind das Brüllen und Schnarchen in der Wildnis Australiens weitaus günstiger, wenn nicht gar umsonst zu haben. Aber es ist ein einmaliges Erlebnis, in einem Zelt im Zoo mit Blick auf die funkelnden Lichter des nächtlichen Sydney einzuschlafen und zu wissen, dass gleich hinter einem die Asiatischen Elefanten und die Löwen wohnen.

Bis dass der Rost uns scheidet

Ich liebe Stadtführungen. Vor allem solche, bei denen man Dinge hört und sieht, die man allein nur schwer entdeckt oder herausgefunden hätte. Bei meinen Führungen durch Sydney lerne ich, warum der Kapitän der ersten Flotte nach 1788 bei den Eora-Aborigines einen relativ leichten Stand hatte. Dem ersten Gouverneur von New South Wales fehlte in der oberen Reihe ein Schneidezahn. Das schmerzhafte Herausbrechen oder Extrahieren eines Schneidezahns galt als eines der wichtigsten Initiationsrituale bei jungen Aborigine-Männern und erhob sie in einen höheren Rang. Arthur Phillip, der erste Gouverneur der neuen Kolonie, wurde also wegen eines fehlenden Zahns geachtet und geschätzt, was die Frage aufkommen lässt, wie viele Siedler wohl nach einer Schlägerei in einem Pub im Ansehen der Aborigines gestiegen sind.

Bei einer anderen Führung stehe ich vor dem Queen Victoria Building, das die Sydneysider, die bekanntlich alles abkürzen, nur *QVB* nennen. Vor diesem QVB ist Queen Victoria voluminös in Szene gesetzt, und etwas abseits steht auch ein Abbild von ihrem Hund, der − gegen Bezahlung − sogar Geräusche von sich gibt. Aber es ist nicht der royale Hund, sondern der Radiomoderator John Laws, der hier dem Hund seine Stimme und sein Bellen verleiht.

Im zweiten Stock des QVB befindet sich ein geheimnisvolles Schreiben, das Königin Elisabeth II. von Großbritannien 1986 der Stadt Sydney übergeben hat. Eigenartigerweise darf dieser Brief die nächsten 99 Jahren nicht geöffnet werden, und so liegt er also noch bis 2085 im zweiten Stock jenes Gebäudes, das nach Elisabeths Ururururgroßmutter benannt ist.

Böse Stimmen in Sydney behaupten, Elisabeth II. habe nur beweisen wollen, wie lange sie noch gedenke, Oberhaupt Australiens zu bleiben. Vielleicht empfiehlt sie ja in dem Brief den Australiern, Sydney endlich zur Hauptstadt zu machen.

Ganz im Gegensatz zur Zooübernachtung bekomme ich vor der Führung über die Harbour Bridge ein langes Briefing. Schließlich muss man der Brücke körperlich gewachsen sein, um dann – auch bei größter Hitze im Sicherheitsganzkörperanzug – Schritt für Schritt dem Himmel entgegenzusteigen.

Zur spektakulären Aussicht hört man durchs Headset seltsame Sachen: So sei die Stabilität der Brücke zur Eröffnung getestet worden, indem 96 Dampflokomotiven gleichzeitig über die Brücke fuhren. Als ich erfahre, dass eine Frau bei der Stadtverwaltung einen Antrag auf Eheschließung mit der Brücke gestellt hat, komme ich beim Anstieg dann doch etwas aus dem Rhythmus.

Gegen die Harbour Bridge ist als Ehepartner im Grunde nichts zu sagen. Zwar benötigt sie gelegentlich 30 000 Liter Make-up gegen die Korrosion – das Streichen der Brücke dauert jeweils zehn Jahre –, und die Gelenke des in die Jahre gekommenen Bauwerks backen oft fest. (Bei zu großer Hitze dehnt sich der Stahl tagsüber dreißig Zentimeter aus und schrumpft nachts wieder.) Doch alles in allem ist sie eine überaus hübsche und solide Brücke, die von der Bevölkerung liebevoll *coat hanger*, Kleiderbügel, genannt wird.

Ein Bauwerk heiraten zu wollen ist, wie ich lernte, eine spezielle Variante dessen, was sich Objektsexualität nennt. Dem Eiffelturm wurde diese Ehre schon zuteil. Er ist mit der amerikanischen Bogenschützin Erika Eiffel verheiratet *(kein Scherz!),* und auch die Berliner Mauer war lange mit einem Menschen verheiratet, eine Ehe, die allerdings 1989 geschieden wurde.

Ich finde, die Ehe mit einer Brücke, zumal mit so einer imposanten wie der Sydney Harbour Bridge, hat einen schönen Symbolcharakter.

Einen Turm oder eine Mauer würde ich jedenfalls niemals heiraten.

Die Schönheit der Orangenschalen

»Es waren doch nur Orangenschalen, mit denen ich spielte.«

Jørn Utzon, der dänische Architekt der Oper in Sydney

Als die frühen Bauherren Sydneys, die Sträflinge also, keinen Kalk mehr fanden, um Ziegel daraus zu brennen, zermalmten sie die weitläufigen weißen Muschelbänke, die sich einst da befanden, wo heute das Opernhaus von Sydney steht. Und genau auf jener Landzunge entstand auch der erste Muschelbrennofen Australiens. Die Oper ist also eine clevere Reminiszenz an diese Muschelzeit und an die harten Jahre, die die ersten Erbauer der Stadt zu durchleiden hatten.

»Sich liebende Schildkröten« nennen die Sydneysider heute ihre Oper am Hafen oder auch »Dänisches Törtchen« und »Zirkuszelte im Sturm«. Die Konzerte und Theateraufführungen sind famos, das Opernhaus ist von innen ebenso spektakulär wie von außen. Das Restaurant der Oper, das nach Bennelong, dem ersten Übersetzer der Eora-Aborigines, benannt ist, bietet einen schönen Blick auf die Wasserstadt.

Die Oper ist das bekannteste Bauwerk Australiens. Der Architekt ließ sich angeblich sogar von den Maya-Pyramiden inspirieren, wie man am Treppenaufgang außen sehen soll. Mich persönlich erinnert die Oper von Sydney mit ihren aufgestellten spitzen Ohren an Origami, die japanische Papierfaltkunst. Schiffsliebhaber vergleichen die weiße Dachkonstruktion hingegen mit großen geblähten Segeln. Eine schlüssige und schöne Deutung. In Wirklichkeit aber hat sich der bis dahin völlig unbekannte dänische Architekt Jørn Utzon nach eigener Aussage weder von den Maya-Pyramiden noch von Muscheln, Segeln oder Origami, sondern schlicht und ergreifend von geviertelten Orangenschalen inspirieren lassen. Diese habe er gelangweilt ein wenig hin und her bewegt und dabei die visionäre Idee zur Gestaltung der Oper bekommen. Über die Kostenexplosion der Hamburger Elbphilharmonie können Australier übrigens nur lachen. Die Kosten der Oper waren 1973, nach 14-jähriger Bauzeit, von 7 auf 102 Millionen Dollar gestiegen, eine Regierung war über den Bau gestürzt, und Jørn Utzon hatte wütend das Land verlassen. Der dänische Architekt hat Australien und die Oper auch am Tag der Einweihung nicht wieder besucht – die immerhin durch die Queen persönlich vorgenommen wurde.

Küsten, Strände, Meereswelten

Life is a bitch. (Englisches Sprichwort)
Das Leben ist eine Schlampe.
Life is a beach. (Australische Version)
Das Leben ist ein Strand.

Australien besitzt an seiner fast 60 000 Kilometer langen Meeresküste mehr Strände als jedes andere Land der Welt. Und dort findet auch das Leben statt. Man kann sich *Down Under* ohne Wassersport überhaupt nicht vorstellen. Und doch war das Schwimmen an öffentlichen Stränden im 19. Jahrhundert tagsüber offiziell verboten. Lediglich Queensland, das sich 1859 von New South Wales lossagte und zur eigenen Kolonie ernannt wurde, widersetzte sich diesem rigorosen Schwimmverbot.

Erst als der Künstler William Gocher aus Sydney 1902 sein tägliches Bad am Manly Beach öffentlich ankündigte und den Sittenwächtern und Ordnungshütern trotz mehrerer Festnahmen die Argumente ausgingen, war der Bann gebrochen. Bereits ein Jahr später wurden das Baden und Schwimmen bei Tageslicht an Sydneys öffentlichen Stränden erstmals genehmigt. Und bald auch in ganz Australien. Kein Jahr später explodierten die Grundstückspreise in Küstennähe zum ersten Mal. Der Mythos des Outback verlor an Glanz, der Kult ums Meer und die Küste war geboren.

Über achtzig Prozent der Australier leben heute nicht weiter als fünfzig Kilometer vom Strand entfernt. Wer den Kontinent bei Nacht von oben betrachtet, sieht an der Küste des Ostens und Südens ein leuchtendes Band mit funkelnden Clustern um Melbourne, Sydney und Brisbane. Die dichte Besiedlung am Meer als strahlende Lichterkette.

Da ich persönlich dicht belegte Strände nicht so prickelnd finde, bin ich froh über das unermessliche Ausweichangebot. Schließlich gibt es *Down Under* über 10 000 offizielle und weit über 1000 inoffizielle Strände, und über die Hälfte davon ist die meiste Zeit einsam und verlassen.

Zwischen November und März könnte man vor Heron Island in Queensland auf Tauchgang mit Schildkröten gehen und den Kleinen am Strand beim Schlüpfen zusehen oder, weiter südlich auf Magnetic Island, auf einen Pferderücken steigen und ins Meer reiten.

Man könnte sich in Brunswick Heads im Bundesstaat New South Wales im *stand up paddle* versuchen, der hohen Kunst des aufrechten Stehens auf einem Brett. Oder im Februar am Surfers Paradise den Champions beim professionellen Sandburgenbauen auf die Finger schauen.

Auf jeden Fall einmal ausprobieren sollte man, was die Australier *bareboating* nennen. Sich an einen der vielen Menschen wenden, die zwar einen Katamaran oder eine Jacht besitzen, aber keine Zeit haben, sich darum zu kümmern. Oder die sich schlicht etwas durch die Vermietung ihres Schmuckstücks dazuverdienen wollen. Man braucht, so verrückt das auch klingt, beim *bareboating* noch nicht einmal einen Bootsführerschein oder Segelschein, um Kapitän zu werden.

An der Küste im nördlichen Queensland, entlang dem Great Barrier Reef, gibt es in den Städtchen Townsville,

Mackay und Airlie Beach besonders viele Möglichkeiten, sich ein eigenes Boot zu mieten – und besonders schön ist die Tour zu den wundervollen Inseln des Whitsunday-Archipels.

Die Whitsundays und der gestohlene Sand

Wenn ich gefragt würde, welches Land aus 8222 Inseln besteht, würde mir Indonesien einfallen oder auch die Philippinen. Doch auf Australien, das muss ich ehrlich zugeben, wäre ich nie gekommen. Genauso wenig übrigens wie darauf, dass es dort Pfingstsonntagsinseln gibt. Unter diesem Namen jedoch sind die Whitsundays im nördlichen Queensland bekannt – wenn allerdings auch nur wenigen. Vor Jahrtausenden waren sie einmal Berge, nun haben sich die überschwemmten Hügel in traumhafte Inseln verwandelt. Was für eine Metamorphose.

James Cook trug den 4. Juni 1770 als Tag der Entdeckung dieser Inselgruppe in sein Logbuch ein und benannte sie nach dem Pfingstsonntag. Nur hatte er dabei die Datumsgrenze vergessen. Der 4. Juni war tatsächlich ein Montag, und so sind die Whitsundays also das, was die Australier einen *misnomer* nennen, einen Namensirrtum.

Doch den 74 Inseln des Archipels, die zur Great Barrier Reef Heritage Area gehören, kann das egal sein. Auch Whitsunday Island, die größte der Inseln, kann mit dem falschen Namen gut leben, vor allem weil sie über einen Strand der Extraklasse verfügt und die Touristen in Scharen kommen, um ihn zu sehen. Der Whitehaven Beach gilt als einer der weißesten Strände der Welt. Weil der Sand zu 99 Prozent aus Quarzkristallen besteht, glitzert er wie frisch gefallener Schnee. Ein Sand, aus dem die Marine Australiens das feine Glas für ihre Nachtsichtgeräte schmelzen lässt. Ein kristalliner Sand, der auch in der größten Mittagshitze kühl bleibt und an dem sich Barfußläufer auf keinen Fall Brandblasen holen.

Böse Gerüchte besagen, man habe den Luxussand vom White-haven Beach vor Jahrzehnten gestohlen und an den südlich von Sydney gelegenen Hyams Beach gebracht, der ja eben-falls fast vollständig aus weißem Quarz besteht.

Anfangs musste ich schmunzeln, als ich hörte, für White-haven Beach und andere wertvolle Strände gebe es eigene Sandbeauftragte, sogar Sandkontrolleure. Was könnten gele-gentliche Sanddiebe hier schon für einen Schaden anrichten? Doch wer einmal einen Blick auf eBay wirft und sich den dortigen Handel mit qualitativ hochwertigem Sand für Aqua-riumsbesitzer ansieht, kommt ins Grübeln. Sand ist die mo-bilste Ressource des Planeten und bislang fast überall umsonst zu haben. Nur auf Whitehaven Beach nicht mehr. Wer hier mit gestohlenem Sand erwischt wird, kann mit einer Strafe von bis zu 10 000 Dollar rechnen. Ich hatte mich lange ge-fragt, warum bei meiner Tour nach Whitsunday Island an Bord meines Katamarans »aus Sicherheitsgründen« die Schuhe eingesammelt wurden. Keine Frage, in meinen Sneakers hätte eine Menge feiner Luxussand Platz gefunden.

Die Schiffe, die den »schönsten Sandstrand der Welt« vom Festland aus ansteuern, sind oft Monate im Voraus ausgebucht. Selbst in der Nebensaison ist es schwierig, kurzfristig ein Boot für einen Tagesausflug zu bekommen, wie ich im Städtchen Airlie Beach erleben durfte, dem Zentrum, von dem aus viele Boote zu den Whitsundays und zum Barrier Reef starten. Ich habe Backpacker getroffen, die auf einem völlig überbuchten Katamaran gelandet sind und während ihrer Tour nicht nur unter den beengten Platzverhältnissen, sondern auch unter Dauerbeschallung und Zwangsbespaßung gelitten haben. Ich habe von Reisenden gehört, denen eine Zweibettkabine ver-sprochen wurde, die auf dem Boot jedoch in einer Achtbett-kabine untergebracht wurden, und von anderen, die zu dritt in der Küche schlafen mussten.

Mein Tipp lautet, wer nicht auf einem Boot neben der Toi-lette nächtigen und nicht auf einem Boot landen möchte, das als Partyboot verrufen ist, sollte sich von den Agenturen alle Details vorab schriftlich geben lassen. Ratsam ist es auch, sich vorher eine Kopie des Buchungstickets zu machen, weil diese auf vielen Booten wieder eingesammelt werden.

Und wer keine bösen Überraschungen erleben möchte, der sollte schon bei der Buchung ganz genau nachfragen. Nicht jeder findet es lustig, auf einem *Spank-me*-Boot zu landen, wo Jungs und Mädchen für vorbeifahrende Boote die Hosen runterziehen und sich selbst auf den Allerwertesten schlagen »müssen«.

Die meisten sogenannten *Tourist Offices* in Airlie Beach und auch in anderen Städten sind keine lizensierten Informationsbüros, sondern lediglich Agenturen, die Touren verkaufen. Zwar sind die jungen Mitarbeiter hoch motiviert und wissen oft besser Bescheid als die Berater in den offiziellen Informationsstellen (deren Zeichen ein gelbes I auf blauem Grund ist). Da diese Leute jedoch pro verkaufter Tour eine Provision erhalten, kommt es zu erstaunlich vielen Überbuchungen und »Missverständnissen«.

Der Tourismus am Great Barrier Reef ist sowieso problematisch. Vor über einem Jahrzehnt bin ich leidenschaftlich gerne zum Schnorcheln und Tauchen ans etwa achtzig Kilometer von der Küste entferne Great Barrier Reef gefahren. Das 2500 Kilometer lange Riff war das erste Meeresgebiet weltweit, das von der UNESCO zum Weltkulturerbe erhoben wurde. Doch durch die bislang bedenkenlose küstennahe Verwendung von Dünger und dem Einleiten von Schwermetallen und Abfallprodukten der Minengesellschaften hat das weltgrößte Riff in den letzten fünfundzwanzig Jahren mehr als die Hälfte seiner Korallen verloren.

Es entsetzt mich, dass man nun auch noch den größten Kohlehafen der Welt bei Abbot Point in unmittelbarer Nähe des Great Barrier Reef bauen wird. Die UNESCO hat bereits signalisiert, dieses Paradies ab 2015 auf eine Liste zu setzen, die sich *Weltkulturerbe in Gefahr* nennt.

Als Naturfreund kann ich die Zerstörung dieses einzigartigen Korallenriffs nicht unterstützen und schnorchele und tauche aus diesem Grund seit Jahren lieber am wunderschönen Ningaloo Reef in Westaustralien. Die Unterwasserwelt dort hat wahre Wunder zu bieten: Delfine, Buckelwale, Wasserschildkröten sowie den größten Fisch der Welt, den Walhai, mit dem man gefahrlos schwimmen kann. Mehr dazu im nächsten Kapitel »Planet WA«.

Mangroventanz

Brandon Walker vom Stamm der Kuku Yalanji kann seinen schlammigen Arbeitsplatz von seinem Küchenfenster aus sehen. Sein Haus steht direkt an den Mangrovenwäldern des Cooya Beach. Brandon, der Touristen in Mossmann nördlich von Port Douglas die Lebensweise der Regenwald-Aborigines nahebringt, geht mit uns zum Strand hinunter und in die Mangroven. Er will uns zeigen, was er von seinem Großvater gelernt hat. Das Speerfischen im Meer und wie man Mangrovenkrabben und Strandschnecken mit den Füßen finden kann.

Die Mangroven sind seine Welt. Hier sieht er Dinge, die andere nicht sehen. Selbst wenn er mit seinem Speer dreimal auf eine bestimmte Stelle zeigt, muss ich lange suchen, um die kleinen Tiere auf einem Mangrovenstrunk oder im Uferschlamm überhaupt zu erkennen. Der Schlamm ist der Dünger der Küste, sagt Brandon. Die nährstoffreichen Sedimente aus den Flüssen haben hier im nördlichen Queensland einen idealen Nährboden für die dichten Mangroven geschaffen.

Die vielarmigen Wurzelzweige der Mangroven sehen aus wie Kronleuchter aus Holz, die jemand verkehrt herum in den Schlamm gesteckt hat. Wir gehen durchs hüfttiefe schwarze Wasser, waten durch schwarzen Schlamm und sammeln kleine

Schnecken ein, die sich an den salztoleranten Wurzeln festgesaugt haben. Auf der Wasseroberfläche schweben schwarze Tuffsteine vorüber. Schwimmende poröse Steine, von denen Brandon behauptet, sie stammten von einem Vulkanausbruch in Neuseeland und seien somit bereits seit sehr langer Zeit bei ihnen in den Mangroven zu Gast.

Das Klettern über die Mangrovenwurzeln wird zunehmend beschwerlicher. Ich kann der Gruppe kaum folgen, weil mir ständig ein Fotomotiv vor die Linse kommt und meine Beine knietief in den Schlammlöchern versinken. Die Äste sind glitschig, und manche von ihnen gaukeln einen möglichen Halt für die Hände nur vor. Morsch und feucht, zerbröseln sie mir zwischen den Fingern.

Ich stecke im Schlamm fest, während der Rest der Gruppe vorbeistapft. Ein Schweizer erbarmt sich und reicht mir die Hand. Wie ein etwas kräftig geratener Storch schreitet Brandon voran, tanzt über die Wurzeln und pflückt nebenbei kleine Schnecken von den schwarzen Wurzelstämmen.

Als ich ihn völlig durchnässt erreiche, leuchten seine Augen. Er steht im schwarzen Mangrovenwasser, hebt einen Finger und schaut konzentriert in die Blätter der Bäume. Auch wir lauschen, erwarten den Gesang eines unbekannten Vogels und ahnen nicht, was sich unter der Wasseroberfläche abspielt. Brandons Füße haben im tiefen Schlamm eine Entdeckung gemacht. »Wir finden unsere Nahrung im Vorübergehen, unsere Fußsohlen sind zum Fischen gemacht«, sagt Brandon und hebt einen Fuß aus dem Wasser. Zwischen den Zehen ist rein gar nichts zu sehen. Er greift mit dem Arm ins schlammige Wasser und zieht eine Krabbe heraus. »So geschickt sind meine Füße dann auch wieder nicht.«

Im Haus der Familie Walker haben die Kinder schon mit der Zubereitung der früh am Morgen gefangenen Mangrovenkrabben und Strandschnecken begonnen. Eines Tages werden die Söhne Touristen in die Mangroven führen oder aber Brandons Tochter. Sie hat von allen die besten Augen und wird von ihrem Vater nicht nur deswegen *Big Eye* genannt.

Als Höhepunkt serviert man uns in Chilimehl paniertes Schildkrötenfleisch, außen knusprig und kross, innen so zart, wie man es sich nur denken kann. Wir bewundern die zahlreichen Trophäen des passionierten Jägers: die riesigen Muscheln, die Abalonen, und den hohlen Zahn eines Dugongs, einer seltenen Seekuh.

Während des Schlemmermenüs erzählt uns Brandon Walker Wassergeschichten. Darin tauchen natürlich die Tiere des Meeres auf. Er spricht aber auch vom Yin und Yang seines Clans, vom *wet and dry* seiner Welt. Denn der ewige Wechsel von feucht und trocken ist der Rhythmus, der das Leben der Kuku Yalanji seit jeher bestimmt.

In Teufels Küche

Wer ganz Australien bereist hat und erst am Schluss nach Tasmanien kommt, wird sich sicherlich ärgern, denn wie einfach hätte man es haben können. Ehrliches Essen, gut gemachter Pie ohne triefendes Fett, man wird nicht übers Ohr gehauen, die Leute sind freundlich, es gibt leere Strände auf einer relativ überschaubaren Insel. Ein idealer Urlaubsort, der zu zwei Dritteln aus Nationalparks besteht. Im Sommer weht eine kühle Brise über das Land, und im Süden kann man auf einer einzigen Bootsfahrt entlang der schroffen Steilküsten Wale, Albatrosse und Seeadler sehen. Am Straßenrand stehen Schilder, die man in Australien eigentlich nicht erwarten würde. »Bei Frost bitte langsam fahren« zum Beispiel. Im Winter zeigt sich auch das sphärische *Aurora Australis*, das südliche Polarleuchten, das wie ein zarter Vorhang aus Licht am nächtlichen Himmel tanzt.

Tasmanien, die kühle Schöne, deren Regenwaldseen einst von Gletschern gespeist wurden und deren antarktische Seeluft den Äpfeln eine besondere Würze verleiht. Ein Land, in dem es keine Füchse und keine Dingos gibt, aber Tasmanische Teufel (beißfreudige, kleine schwarze Vierfüßler, deren Ohren bei Gefahr rot werden), Quolls (Beutelmarder) und Echidnas, eine Art Ameisenigel, die sich bei Bedarf blitzschnell in einen Kaktus verwandeln können.

Tasmanien – eine leicht zu erreichende Wildnis. Eine Welt, die Abel Tasman 1642 zum ersten Mal sah und die der britische Forschungsreisende Matthew Flinders erst 1798 umrundete. Die Franzosen und Engländer lieferten sich hier ein Wettrennen zur See, doch die Engländer rammten zuerst ihre Fahne in den Strand.

»Gottes natürliches Gefängnis« nannte man einst die *Tasman Peninsula*. Weil es unmöglich war, der schroffen Küste zu entkommen, wurden früher die Schwerverbrecher hierher verschifft. Dabei sind die *Tazzies*, wie sie genannt werden, heute die freundlichsten und harmlosesten aller Australier. Es gab zwar 1996 ein Massaker mit 35 Toten, aber das war die Einzeltat eines geistig Verwirrten. Eigentlich liegt die Kriminalitätsrate nirgendwo in Australien niedriger als in Tasmanien. Und an Daumenschrauben, Bleikugelgewichte und kiloschwere eiserne Fußfesseln erinnert allenfalls noch die Gruseltour im Gefängnismuseum von Port Arthur.

Für mich gehört Tasmanien zu den ganz besonderen Orten, auch weil ich Lynton Brown kennenlernen durfte, einen Historiker und leidenschaftlichen Segler mit irischen Wurzeln, der mit seinem hageren Gesicht, seinen hellwachen Augen und den zum Zopf geflochtenen weißen Haaren so aussieht, wie ich mir Don Quichote immer vorgestellt habe. In der Bibliothek der Norfolk Bay Convict Station, eines heutigen Bed & Breakfast, erzählte er mir Hunderte von absurden, aber wahren, weil bestens dokumentierten Geschichten. Zum Beispiel die des Gefangenen Billy Hunt, der sich im 19. Jahrhundert aus lauter Verzweiflung als Känguru verkleidete, um in der Dämmerung zu fliehen. Sein Kostüm war so gut, dass die hungrigen wachhabenden Soldaten das vermeintliche Beuteltier verfolgten und erschießen wollten, worauf sich Hunt leider ergeben musste.

Wer den rauesten und wildesten Teil Australiens erleben möchte, fährt zum Eaglehawk Neck auf der Tasman-Halbinsel. Dort gerät man dann sogleich in Teufels Küche, denn genau so – *Devils Kitchen* – wird dieser Ort der tosenden Brandung genannt. Ein Wunderland aus Naturfelsbögen, riesigen *blow holes,* und einer 65 Meter hohen Felsnadel, die sich *Totem Pole* nennt, was Bergsteiger getrost mit »Marterpfahl« übersetzen dürfen. Für mich ist dieser kerzengerade aus dem Meer ragende Felsturm eines der schönsten Naturkunstwerke Australiens. Ein gertenschlankes Wunder aus Stein, das man sich nicht nur von oben, von den Klippen, sondern auch aus der Nähe, vom Meer aus, ansehen sollte.

Auf einem Boot der Tasman Island Cruise bekommt man zuerst eine Ingwertablette, die den Magen beruhigt. Skipper Ben hat vor dem rauen Seegang gewarnt und uns trotz strahlenden Himmels warme Kleidung empfohlen. Zusätzlich verteilt unser Tourguide Yani lange rote Umhänge gegen die Gischt. Schon nach wenigen Minuten reitet das gelbe Boot auf den Wellen der aufgewühlten See an der Insel der Toten vorbei. Auf der *Isle of the Dead* hatte man aus Platzmangel über zweitausend Leichen aus dem Gefängnis schichtweise in der Erde vergraben müssen. Einen Grabstein aber haben nur die Wärter erhalten, die dort ebenfalls ihre letzte Ruhe gefunden haben.

Auf der Fahrt zu den bis zu dreihundert Meter hohen, steil aufragenden höchsten Klippen Australiens begleiten uns Bottleneck-Delfine, die es lieben, unter dem Rumpf des Schnellboots auf die andere Seite zu tauchen und dann als Schwarm dort gemeinsam aus dem Wasser zu schießen und einen eleganten Bogensprung zu vollführen. Nur hundert Meter entfernt hebt ein Wal seine Fluke zum Gruß aus dem Meer und taucht ab.

Ben, der das Boot in einer Felsenhöhle um die eigene Achse rotieren lässt, damit wir uns nicht die Köpfe verrenken müssen, sagt, das Höhlengestein bestehe aus Dolerit, einem sehr harten Granitgestein. Doch der Zahn der Zeit und das wilde tasmanische Meer sind unerbittlich und nagen sich selbst hier beharrlich tiefer und tiefer voran.

Die Vögel malen mit ihren weißen Hinterlassenschaften die Felsen an, und eine Algenart zeichnet mit einem Pilz auf der Schattenseite der Felsen rotbraune Kunst aufs Gestein. Über unseren Köpfen fliegen Albatrosse, und Kormorane imitieren täuschend echt den watschelnden Gang der Pinguine, mit denen sie aufgewachsen sind und von denen sie sich auch frackmäßig kaum unterscheiden.

Auf dem Weg nach Port Arthur sieht man rechts in Taranna den Tasmanian Devil Conservation Park. Der Direktor John Hamilton lieferte schon vor über dreißig Jahren für Bernhard Grzimek Tasmanische Teufel an den Frankfurter Zoo. Ich sehe bei der Fütterung, wie sich ein teuflisches Brüderpaar dieser seltenen Raubbeutler mit ihren spitzen Zähnen heillos in ein Fleischstück verbeißt. Die fauchenden, schrillen Schreie der kleinen schwarzen Raubtiere gehen durch Mark und Bein. Die Tasmanischen Teufel werden lediglich vier Jahre alt. Und nur die vier Stärksten eines Wurfs überleben, weil die Mutter ihnen bäuchlings eben nur vier Trinkquellen anbieten kann. Ihre Kiefer gehören zu den stärksten im gesamten Tierreich und zermahlen alles zu Staub, auch die kräftigsten Knochen. Wahrscheinlich auch die Knochen ehemaliger Koalas, die einst auf Tasmanien gelebt haben und die Forscher aus diesem Grund heute nicht mehr nachweisen können. Das Gebiss eines Tasmanischen Teufels zerbeißt eben alles, sogar Smartphones, wie ich selbst erleben durfte. Also die Geräte nicht zu dicht an die Teufelchen halten.

Planet WA

Es gibt viele Arten, nach Westaustralien zu gelangen: im Direktflug nach Perth zum Beispiel, auf einer dreitägigen Reise von Sydney aus mit dem Fernzug, dem Indian Pacific, oder aber auf dem Eyre Highway, einer meist schnurgeraden Fernstraße, die durch die Nullarbor-Ebene im Süden führt. Am abenteuerlichsten aber ist die Anreise über eine mitten durch Australien verlaufende Outback-Piste, die Great Central Road. Die längste Abkürzung der Welt, wie es heißt.

Auf dieser Wüstenpiste könnte die rostrote Färbung problemlos mit der Oberfläche des Mars konkurrieren. Ein endloses rotes Sandband. Es geht vorbei an Salzbüschen und Landschaften mit Sonnenbrand. Ich sehe Sandwellen wie ein permanentes Stirnrunzeln. Westaustralien, der Wüstenstaat. Aber dann, nach einigen Tagen Fahrt, endlich die Ankunft am Meer. Tauchgang im Rausch der Farben. Die großen gelben Boote der Hummer- und Meerschneckenfischer. Boote, die *Yellow Bitch* heißen, gelbe Schlampe, oder auch *Silly Love*, verrückte Liebe. Western Australia, von allen nur knapp WA genannt. Die erneute Steigerung all dessen, was ich bisher als Australien bezeichnet habe.

Während man in großen Teilen Europas und Amerikas die Nacht nicht mehr erleben kann und die Milchstraße vom künstlichen Licht verschluckt wird, steht der nächtliche Himmel dort oben über Westaustralien wie eine in Glas geschliffene Sternenbotschaft. Niemand kennt Australien, bevor er nicht in Westaustralien war.

Eine neue Welt, ach was, ein neuer Planet tut sich auf. Mittlerweile gibt es Australienreisende, die jedes Jahr nur noch nach Westaustralien kommen. Und das aus gutem Grund. Schließlich ist Perth nur achtzehn Flugstunden von Deutschland entfernt. Es ist der kürzeste Weg nach *Down Under.*

Westaustralien ist siebenmal so groß wie Deutschland und besitzt über zwölfeinhalbtausend Kilometer traumhaft schöne Meeresküste. Es gibt Myriaden von Wundern zwischen dem Valley of Giants mit seinen sechzig Meter hohen Baumgiganten im Süden *(die man sich auf einem *Tree Top Walk* unbedingt von oben ansehen sollte)* und den von mir so geliebten Bungle Bungles im Norden *(die man sich auf keinen Fall nur von oben, sprich aus dem Flugzeug, sondern unbedingt auch von unten anschauen sollte).*

Bei der Größe kommt man vielleicht auf solche Gedanken: 1933 wollte WA unabhängig werden. Großbritannien ignorierte die damalige Anfrage allerdings, schließlich hatte man in Europa zu dieser Zeit ganz andere Sorgen. Doch als fast achtzig Jahre später Königin Elisabeth II. 2011 nach Australien kam, erneuerte Gina Rinehart, eine selbstbewusste Minenmagnatin und zum damaligen Zeitpunkt die reichste Frau der Welt, auf einer royalen Gartenparty den Wunsch nach Unabhängigkeit. Selbstverständlich würde man dem britischen Königshaus auch als eigenständiger Staat in Treue verbunden bleiben.

Mit einem Lächeln ging die englische Königin über dieses Anliegen hinweg, sprach aber voller Bewunderung über die Super-Pit-Goldmine in Kalgoorlie. Die Visite der Monarchin lag zwar schon ein paar Jahre zurück, hatte aber bleibenden

Eindruck hinterlassen. Kein Wunder: Es ist das größte in Australien von Menschenhand gegrabene Loch, die viertgrößte Goldmine der Welt, aus dem gigantische Sattelschlepper im Minutentakt goldreiche Erze nach oben befördern. Neunzig Prozent des Staatshaushalts verdankt Westaustralien seiner Erdöl- und Rohstoffindustrie. Eisenerz, Kupfer, Nickel, Aluminium und Diamanten haben dieses Land und viele seiner Menschen reich gemacht. Die größte Anziehung aber geht nach wie vor von dem Edelmetall aus, das die Menschen weltweit seit Jahrtausenden am meisten fasziniert: Gold.

Bäume, die Gold sch(l)ürfen

Gold ist bis heute die heimliche Währung Westaustraliens, und so verwundert es nicht, dass Queen Elisabeth hier mit diesem Edelmetall Tribut gezollt wird. In der Perth Mint ist die größte Goldmünze der Welt zu sehen – mit dem Antlitz der Königin auf der einen und einem roten Riesenkänguru auf der anderen Seite. Heutiger Wert: eine Million Dollar.

Bei einer Führung in der Perth Mint, der ältesten Münzprägeanstalt des Landes, erfahren wir, dass es in Australien im Gegensatz zu Kalifornien gleich mehrere *gold rushes* gegeben hat. Die Goldsucher hatten, entsprechendes Glück vorausgesetzt, so einiges zu schleppen. Der *Welcome Nugget*, der 1858 in Victoria gefunden wurde, wog sagenhafte 69 Kilogramm. Kein Wunder, dass den Farmern damals die Landarbeiter wegliefen. Mitte des 19. Jahrhunderts schürfte jeder zweite Mann in Australien irgendwann einmal nach dem edlen Metall.

Zugleich gibt es aber auch Goldsucher, an die man niemals gedacht hätte. Termiten zum Beispiel sind gute Indikatoren für eine Goldader. Spezialisten untersuchen die Termitenhügel auf ihren Goldgehalt hin und können so Rückschlüsse auf die Qualität und Menge der Goldvorkommen in einer Region ziehen. Doch Termiten und Menschen sind nicht die einzigen Lebewesen Australiens, die dem Rausch verfallen sind.

Auch Eukalyptusbäume entpuppen sich mitunter als Goldsucher. Wobei der Eukalyptusbaum das Gold weniger schürft als vielmehr aus dem Boden schlürft. Über seine sehr langen Wurzeln, die tief in edelmetallhaltige Schichten dringen, gelangt reines Gold in die Blätter. Messungen haben ergeben, dass sich in Eukalyptusblättern bis zu 800-mal so viel Gold anreichert wie in den Blättern anderer australischer Baumarten. So findet sich im Umkreis von Eukalyptusbäumen, die ihr goldhaltiges Laub verlieren, auch eine entsprechend hohe Konzentration des Edelmetalls im Boden. Wissenschaftler rätseln noch, wie die Pflanze es schafft, das Gold mit dem Wasser aufzunehmen, und vermuten, dass sie über die Wurzeln säurehaltige Substanzen absondern, die Gold löslich machen.

Leider lohnt es sich jedoch nicht, Eukalyptusblätter zu sammeln. Selbst in sehr goldreichen Gegenden Westaustraliens enthalten die Blätter eines Kilogramms trockenen Eukalyptuslaubs weniger als 0,1 Milligramm Gold. Doch clevere Goldsucher sind bereits auf die hilfreichen »goldschlürfenden« Bäume aufmerksam geworden und hoffen, durch sie auf verborgene Schätze zu stoßen.

Die ältesten Lebewesen der Welt

Australien ist ein Land der Rekorde, und natürlich lässt sich auch Westaustralien da nicht lumpen. Schließlich wurde hier 1947 der Wolf Creek Crater, der zweitgrößte Meteoritenkrater der Welt, entdeckt. In WA gibt es die höchsten Bäume und die größte Gartenzwergsammlung des Landes (in Gnomesville bei Dardanup), dazu den größten Fisch und den größten Monolithen der Welt und natürlich die ältesten Lebewesen, die Stromatolithen. Sehr betagte Wesen, die schon mehr als drei Milliarden Jahre auf dem Buckel haben.

Von Perth aus fährt man etwa drei Stunden Richtung Norden. Nahe dem beschaulichen Krebsfischerort Cervantes kommt man am Nambung National-Park und den berühmten Pinnacles vorbei. Ein ehemaliger Wald, dessen Überreste heute so aussehen, als hätte hier ein Riese im gewaltigen Sandkasten der Wüste herumgespielt und überall bizarre Obelisken in die Erde gesteckt.

Ich kann nicht fassen, dass diese wilden Sandsteinsäulen, die hier wie steinerne Nadeln aus dem Wüstensand ragen, einmal Baumwurzeln gewesen sein sollen. Die langen Röhren dieser Wurzeln wurden im Lauf der Jahrtausende zu Sickerkanälen, die sich mit einem Gemisch aus Kalkstein, Sand und Wasser füllten. Als dann das Wasser und der Wind den Wald und seinen Waldboden weggeschliffen haben, hielten nur diese zementierten Wurzelskulpturen der Erosion stand. Die heute hier zu sehenden Säulen, die spitz zugeschliffen in den Himmel ragen, sind die letzten Zeugen dieses ehemaligen Waldes, der einst ganz Westaustralien bedeckte. Einer der verrücktesten Plätze des roten Kontinents.

Auf der Weiterfahrt über den Great Coastal Highway hinauf zur Peron-Halbinsel führt der Weg zu einer Abzweigung, die zum Hamelin Pool führt. Was man hier zu sehen bekommt, ist zwar bei Weitem nicht so spektakulär wie die handzahmen Delfine in Monkey Mia oder die Bradshaw Paintings in den Kimberleys, aber für mich ist dieser Ort etwas ganz Besonderes. Unten am Wasser führt ein Holzsteg über die Dünen hinüber zu den ältesten Lebewesen unserer Erde. Den Stromatolithen der Shark Bay. Ein Tauchgang in die tiefe Vergangenheit unseres Planeten. Für die erst 1956 entdeckten, von Blaualgen überzogenen Knollen scheint die Zeit keine Rolle zu spielen. Genauso wie vor drei Milliarden Jahren, als das Leben auf diesem Planeten begann, liegen diese »lebenden Steine« immer noch hier, am Hamelin Pool, einem der wenigen Orte der Welt, wo der extrem hohe Salzgehalt der flachen, heißen Lagune die perfekte Nische schafft – ganz ohne natürliche

Feinde. Die Stromatolithen-Knollen wurden von Einzellern aus der Urzeit erschaffen, von Cyanobakterien nämlich, die für einen Zentimeter Wachstum ganze zwanzig Jahre brauchen. Wer genau hinschaut, kann auf der dunkelgallertigen Schicht auf den Steinknollen kleine Bläschen erkennen, die kostbarste Substanz, die Cyanobakterien am Anfang allen Lebens auf unseren Planeten brachten: Sauerstoff!

Bei Ebbe sehen die Stromatolithen aus wie steinerne Schwämme, bei Flut wie im Wasser schwebende Trittsteine. Lebendige, Milliarden Jahre alte Fossilien, denen wir alle unser Leben verdanken und die man auf keinen Fall berühren sollte.

Schwimmen mit dem größten Fisch der Welt

Nirgendwo sonst auf dem Fünften Kontinent begegnen sich die beiden landschaftlichen Protagonisten Wüste und Meer so elegant wie in Westaustralien. Es gibt Stellen an der langen Küste, wo der rostrote Sand der Wüste direkt an den schneeweißen Sand der Küste grenzt – und dieser dann gleich ans türkisfarbene Meer. Auch am Ningaloo Reef findet sich diese australische Trilogie. Dazu Kängurus, die so entspannt am Strand vor den Brandungswellen liegen, als hätten sie einen gut dotierten Vertrag mit dem westaustralischen Touristenamt.

Das Ningaloo Reef in Westaustralien ist das längste Saumriff der Welt. Von der UNESCO mittlerweile zum Weltkulturerbe erhoben, galt dieses Juwel im äußersten Nordwesten sehr lange Zeit als Geheimtipp. Denn nirgendwo sonst kommt ein so großes Korallenriff der Küste so nah. Im flachen Wasser der Lagune, die der North-West-Cape-Halbinsel vorgelagert ist, schwimmt man an manchen Stellen nur hundert Meter hinaus und ist mitten im Riff in einer schimmernd bunten Unterwasserwelt. Genau hier am North West Cape trifft ein tropisch warmer Meeresstrom, der Leeuwin Current aus dem Norden, auf die nährstoffreichen Gewässer, die aus antarktischen Regionen kommen. So entsteht eine kunterbunte Mischung aus tropischen Fischen und solchen, die sich auch in gemäßigten Zonen wohlfühlen. Rotfeuerfische treffen auf Mantarochen und Kofferfische auf Meeresschildkröten. Fünfhundert tropische Fischarten, über zweihundert Korallenarten und sechshundert verschiedene Mollusken sind mehr als genug für jeden Unterwasserfreund. *Schalentiere*

Fünfzehn Kilometer hinter dem langen Korallenriff fällt der Meeresboden dann jäh ab. Kein anderer Punkt in Australien kommt dem Kontinentalschelf so nah. Dieser Zufall führt dazu, dass sich neben den über fünfhundert Fischarten am Riff, neben Delfinen, harmlosen Riffhaien und Mantarochen, hier auch die Giganten aus der Tiefe des Meeres einfinden: Buckelwale, Dugongs und die größten Fische der Welt, die harmlosen Walhaie.

Pünktlich zum Vollmond im März jeden Jahres laichen alle Korallen des zweihundertdreißig Kilometer langen Ningaloo Reef zur selben Zeit, in einer einzigen Nacht. Das Ablaichen findet absolut synchron statt, da die Korallen mit einem lichtempfindlichen Protein, dem Cryptochrom, das nachtdunkle Blau des Vollmondhimmels lesen können. Und nur bei einem ganz bestimmten Licht, einem bestimmten Blauton, beginnt die orchestrierte Vermehrung. Im März, pünktlich zu dieser Massenhochzeit, tauchen die lastwagengroßen Walhaie aus dem unendlichen Dunkel des Indischen Ozeans an der westaustralischen Küste auf, und spätestens im Juni treffen die weiß gepunkteten Riesen am Ningaloo Reef ein. Ein Highlight, das ich mir auf meinen Reisen nach Australien nur selten entgehe lasse.

Jedes Jahr werden nur wenige Lizenzen für Walhaiboote vergeben, und weil das Ningaloo Reef als bester Ort zur Beobachtung von Walhaien weltweit gilt, sollte man seine Tour rechtzeitig buchen. Das Team vom Ningaloo Whaleshark Swim holt uns am frühen Morgen mit dem Bus ab.

Anschließend bringt uns ein Boot hinaus aufs Meer. Sammy gibt uns an Bord ein kurzes Sicherheitsbriefing und macht uns mit den Charaktereigenschaften des friedlichen Giganten bekannt. Der Walhai sei ein schreckhafter Riese, man solle also bitte schön keine hektischen Bewegungen im Wasser machen, wenn man ihn erblickt hat. Denn dann könnte es sein, dass er einfach abtaucht und in den dunklen Tiefen des Meeres verschwindet. Der Walhai sei ein *filter feeder*, klärt Sammy uns noch auf, eine Art gigantischer Staubsauger, der hier in Küstennähe gewaltige Mengen an Krill, Plankton und Ruderfußkrebsen in sein weit geöffnetes Maul strömen lässt.

Mit einer kleinen Gruppe von Franzosen und Neuseeländern warte ich auf die weiteren Anweisungen. Ein Suchflugzeug fliegt über uns, geht auf Schattensuche entlang des Riffs, und wenn er die dunkle Verfärbung eines Walhais im Wasser sieht, gibt der Pilot die Position des Riesenfischs per Funk an unser Boot durch. Schon nach zehn Minuten hat Dave, unser Skipper, gewendet und nimmt Kurs auf die Stelle, an dem der Pilot einen Walhai gesichtet hat.

Ich habe mich dieses Mal entschlossen zu schnorcheln, möchte so wenig Technik wie möglich im Wasser dabeihaben. Den schnell dahinschwebenden Walhaien kann eh niemand folgen.

Unsere Gruppe gleitet vorsichtig und leise ins warme Meereswasser, das an dieser Stelle hundert Meter tief sein soll. Das Boot entfernt sich leise und langsam, um den Walhai nicht zu stören. Die Crew, die uns im Wasser begleitet, braucht sich diesmal um unerfahrene Schwimmer keine Gedanken zu machen.

Bereits die Lichtspiegelungen auf dem Meer sind spektakulär. Das Unterwasserblau ist sphärisch und lichtgebadet. Wir schweben auf der Wasseroberfläche und halten Ausschau. Wie aus dem Nichts taucht dann plötzlich ein Walhai neben uns auf, und wie gern hätte ich in diesem Moment einen Sea Scooter gehabt, der mich durchs Wasser gezogen hätte wie einst James Bond in *Feuerball*. Denn der etwa zehn Meter lange Koloss schwebt nun völlig mühelos und entspannt, aber eben auch erstaunlich schnell unter mir vorbei, und ich kann ihm nicht folgen. Theoretisch dürfen wir an die so kurios mit hellen Punkt- und Linienmustern überzogenen Tiere bis auf fünf Meter heranschwimmen, aber das ist bei deren Tempo illusorisch.

Eine halbe Stunde später liege ich völlig entspannt auf der Wasseroberfläche und schaue hinab in die blaue Tiefe, wo unter mir plötzlich ein zweiter Walhai völlig mühelos dahingleitet. Ich sehe sein riesiges geblähtes, weit geöffnetes Maul. Wann ist man einem so gewaltigen und gefräßigen Tier im Wasser schon einmal so nahe? Schlagartig wird mir wieder das Irreale dieser Situation bewusst. Ich erinnere mich an das erste Mal, als ich einen Walhai aus der Nähe gesehen hatte. Mein Hirn sagte mir, dass dort unter mir ein Planktonfresser schwamm, der überhaupt nicht an mir interessiert war, auch wenn er ein noch so unfassbar riesiges Maul hatte. Schließlich sah ich ja nicht aus wie Krill, eine Qualle oder ein Krebs und fiel aus seinem Speiseplan völlig heraus. Und trotzdem hatte ich ein wenig Angst vor diesem Tier. Weil es eben so mächtig ist.

Heute aber, bei diesem neuerlichen Ausflug zum Ningaloo Reef, schweigt der Kopf. Endlich ist es mir gelungen, in einen ähnlichen Ruhemodus zu verfallen wie dieser elegante Gigant. Mühelos bringen mich die Schwimmflossen in die Tiefe hinab, und schon nach wenigen Metern sehe ich sehnsuchtsvoll dem riesigen gescheckten Fisch nach, dessen mächtige Schwanzflosse hin und her winkt, wie zu einem Abschiedsgruß, und der dann in dieses tiefe Blau gleitet und im unendlichen Tintenfass des Indischen Ozeans langsam verschwindet.

Melbourne – auf Gold gebaute Schönheit

Sydney hat seine Oper, Melbourne hat den Federation Square, einen hypermodernen Marktplatz, eine hügelige Piazza aus Kopfsteinpflaster, umgeben von futuristischen Gebäuden. Hier trifft man sich im Straßencafé, schaut sich Filme auf einer Großbildwand an oder geht gleich ins angrenzende glitzernde ACMI. Das Australian Centre of Moving Image ist eine spektakuläre Hommage an alle Medien, die sich den bewegten Bildern unserer Zeit widmen. Das Ian Potter Centre liegt ebenfalls direkt am Platz: ein Kunstmuseum, das selbst ein Kunstwerk ist und wohl kaum spektakulärer in Szene gesetzt werden könnte. Und ebenfalls groß im Blick, wenn man auf der Piazza steht: die Flinders Street Station. Das Prachtgebäude war 1926 der verkehrsreichste Bahnhof der Welt. Seine Uhren, die am Eingang die Abfahrt der Züge anzeigen, wurden noch 1982 von Hand 900-mal am Tag umgestellt. Ein Bahnhofspalast mit imposantem Kuppeldach und dem längsten Bahnsteig der südlichen Hemisphäre.

Melbourne ist mehr als siebenmal so groß wie New York. Mehr als neunmal so groß wie Berlin. Die heutige Größe der ersten Hauptstadt des Landes entzieht sich dem menschlichen Vorstellungsvermögen. Eine Megalopolis der Superlative. Der Witz dabei? Melbourne ist flächenmäßig zwar eine der größten Städte der Welt, aber das fällt kaum auf und sollte Besucher keinesfalls abschrecken. Denn obwohl Melbourne so riesig ist, kommt man in der Innenstadt paradoxerweise sehr gut zu Fuß zurecht. Unweit des Federation Square reihen sich die Sehenswürdigkeiten entlang der sogenannten *Golden Mile* auf, einer etwa vier Kilometer langen Strecke nördlich des Yarra River, auf der man die architektonischen Prachtbauten bewundern kann, die Melbourne sich während der Zeit des Goldrauschs zugelegt hat.

Goldene in die Straße eingelassene Bronzeplaketten zeigen einem heute den Weg zu den schönsten Bauten auf dem *Golden Mile Trail*. In der Flinders Street schnurren nostalgische Straßenbahnen an einem vorbei, während der Blick zu den neugotischen Prunkbauten der Woll- und Weizenbörse und dem Rialto-Hotel schwebt. In der Schalterhalle der ANZ-Bank wird einem beim Anblick der prachtvollen goldenen Palastdecke ganz schwindelig, und auf der anderen Straßenseite, in der Collins Street 333, versetzt einen die prächtige Kuppel mit ihren goldenen Simsen, aufgemalten Balkonen und edlen Mosaikböden in eine sakrale Stimmung.

Ein Nachteil Melbournes, so heißt es, sei das wechselhafte Klima. Vier Jahreszeiten an einem Tag. Doch wenn es eine Stunde nieselt und der Himmel grau ist, besucht man eben diese strahlenden, prächtigen Räume. Gold erwärmt bekanntlich das Herz, auch an windigen, kühleren Tagen.

Der Bundesstaat Victoria und seine Hauptstadt Melbourne waren niemals Sträflingskolonie. Aber Melbourne übte natürlich auf entflohene Sträflinge aus New South Wales und Tasmanien einen unwiderstehlichen Reiz aus. Vor allem zu der Zeit, als dort die Straßen mit Gold gepflastert wurden. Im Zeitraum der großen Goldfunde von 1851 bis 1854 vervierfachte die Stadt mal eben ihre Einwohnerzahl.

Man investierte das Geld in Theater, den prächtigsten Bahnhof der Südhalbkugel, in Grandhotels, Bibliotheken, botanische Gärten, weitläufige Parkanlagen und gewaltige Arkadengänge mit lichtdurchfluteten Glaskuppeln. Unglücklicherweise erfasste die Stadt in den 1950er bis 1970er Jahren ein Modernisierungswahn. Viele prachtvolle viktorianische Gebäude verschwanden aus dem Stadtbild.

In den vergangenen Jahrzehnten investierte Melbourne wieder in den einstigen Glanz. Auch um die ewige Konkurrentin Sydney architektonisch zu übertrumpfen. Zum Ende hin steigert sich die *Golden Mile* noch einmal zu einem architektonischen Crescendo und mündet in einigen riesigen vornehmen Arkaden. Die Block Arcade beeindruckt mit Spitzbögen, Prunkgotik und strahlenden Lichtkuppeln. Und in der Royal Arcade schlagen zwei riesenhafte Figuren, Gog und Magog, zu jeder Stunde die mächtige Uhr. Ein legendäres Wächterpaar, das schon in der Literatur von Charles Dickens und Karl Kraus vorkam. Zum Abschluss der *Golden Mile* gelangt man zum Melbourne Museum, einem der größten Museen der Welt, und zum nicht weniger prächtigen Royal Exhibition Building. Beide werden am besten bei bewölktem Himmel in Szene gesetzt, wenn die Sonne dramatisch durch die Wolken bricht.

Die Stadt der Immigranten

> *»Käme Christus hierher, um für den Frieden der Menschen auf Erden zu werben, unsere Landpfleger und Zöllner würden ihn daran zu hindern versuchen, weil er ein Ausländer sei und keine europäische Sprache beherrsche, zumindest nicht Gälisch.«*

Reverent Rivett in: Egon Erwin Kisch, *Landung in Australien*

Melbourne verbreitet gute Stimmung und hat südländisches Flair. Das spürt man auch im kulinarischen Bauch der Stadt, dem großen Queen Victoria Market. Melbourne verdankt dieses südländische Lebensgefühl seinen Einwanderern. In den Markthallen und in den Restaurants der Stadt setzten vor allem die Griechen als Erste neue kulinarische Akzente.

Kein Wunder: Sie sind zahlenmäßig überaus stark vertreten. Melbourne ist die drittgrößte »griechische« Stadt der Welt nach Athen und Thessaloniki. Auf die Chinesen und Griechen folgten italienische, kroatische, vietnamesische und indische Einwanderer. Über 20 000 Deutsche leben mittlerweile in Melbourne. Ein Drittel der über vier Millionen Stadtbewohner sind Immigranten. Ein kosmopolitisches Gefüge, das in den Medien heiß debattiert wird. Wie viele Migranten können sich Melbourne und Australien noch leisten, wird fast wöchentlich im Fernsehen und den Gazetten gefragt.

Ein ganzes Land schützt sich vor illegaler Einwanderung. Angesichts von 60 000 Kilometer Küstenlänge ist das nicht gerade einfach.

Australische coast watcher und fishery officers, die sowohl illegalen Fischfang als auch den Menschenschmuggel unterbinden sollen, haben eine Menge zu tun. Wie gut das funktioniert, führt man der Öffentlichkeit in der Sendereihe Border Security – Australias Front Line vor. Hier erfährt man darüber hinaus, wie teuer eine eingeschmuggelte, nicht deklarierte Banane einen zu stehen kommt. Und wer möchte schon 12 000 Dollar Strafe für sein Obst bezahlen, nur weil es nicht eingeschweißt ist?

Einen der spannendsten Orte Melbournes, wo sich neben Touristen auch Einheimische treffen, ist das Immigration Museum, das Einwanderermuseum, gleich am Beginn der Golden Mile in der Flinders Street. Dem Besucher wird hier deutlich, wie hart es Auswanderer und Jobsuchende schon früher in Australien hatten.

E. L. Doctorow, einer meiner liebsten Autoren, beschreibt in seinem Roman *Ragtime,* wie amerikanische Grenzbeamte in den 1930er-Jahren die Namen der Einwanderer eigenmächtig änderten, wenn sie diese nicht aussprechen konnten. Auch schickten sie diejenigen, die nicht gut sahen, oder solche, die ihrer Meinung nach unverschämt dreinblickten, einfach wieder mit dem nächsten Schiff zurück nach Europa.

Die australischen Grenzbeamten hatten zur selben Zeit aber noch ganz andere Tricks auf Lager, um die Einwanderer, die ihnen nicht passten, abzuweisen. Sehr beliebt waren exotische Sprachtests. So musste sich der *rasende Reporter* Egon Erwin Kisch 1934 einem gälischen Sprachtest unterziehen, nur weil er auf einem internationalen Kongress in Sydney einen Vortrag gegen Hitler-Deutschland halten wollte. Weil ihm die Einreise verweigert wurde, sprang Egon Erwin Kisch vor lauter Verzweiflung von Bord seines Schiffes, der *Strathaird,* und brach sich dabei das Sprunggelenk und das Schienbein. Wohl niemals danach ist ein Journalist wieder so hart auf australischem Territorium aufgeschlagen.

Laut Gesetz musste damals – zumindest theoretisch – jeder Einwanderer alle in Australien gesprochenen Sprachen beherrschen. Wer möchte, kann sich im Immigration Museum an den höllisch schweren englischen Diktattests versuchen, mit denen man die Einwanderer einst drangsalierte. Oder man kann selbst Grenzbeamter spielen, sich die Argumente der Immigranten in einem Film anhören und dann entscheiden, ob man ihnen die Einreise nach Australien erlauben möchte – oder auch nicht.

Das Immigration Museum ist übrigens eine wunderbare Anlaufstelle, um sich darüber zu informieren, in welchen Berufen in Australien derzeit die meisten Arbeitskräfte gesucht werden. Als ich dort war, wurden unter anderem Anästhesisten, Klavierstimmer, Hebammen, Minenarbeiter, Geologen, Klempner und Baristas gesucht. Besonders verzweifelt aber scheint man in Australien nach Helfern in der Landwirtschaft

Ausschau zu halten. Kein Wunder, die Männer verlassen scharenweise die Farmen, weil sie im Mining leicht viermal so viel verdienen können. Und so sind die Frauen auf dem Land schwer im Kommen. Es gibt jährlich immer mehr Australierinnen, die sich zur einer *Jillaroo*, einer Farm-Allrounderin, ausbilden lassen.

Ned Kelly – der Robin Hood Australiens

Wer mein Faible für Bibliotheken kennt, darf sich nicht wundern, wenn ich bei der State Library of Victoria in Melbourne, die aus dem Jahr 1854 stammt, ins Schwärmen gerate. Bereits draußen auf dem Rasen vor dem Eingang des viktorianischen Prachtbaus haben es sich die Besucher mit ihren Picknickkörben und Laptops gemütlich gemacht und nutzen das kostenlose WLAN. Im großen Lesesaal mit den darüberschwebenden Lichtkuppeln sind alle Tische und Computerplätze besetzt. Von der umlaufenden Galerie aus hat man einen prächtigen Blick auf die Lesenden und den lichthellen riesigen Lesesaal. In der Bibliothek lassen sich die Logbücher und Aufzeichnungen von James Cook einsehen. Die meisten Besucher aber zieht es zu einer Dauerausstellung in den zweiten Stock, wo das Leben und Sterben des Ned Kelly gewürdigt wird, des berühmtesten Outlaw Australiens. Zwar vergleicht man ihn heute mit Robin Hood oder Jesse James, für die Polizei von Victoria allerdings ist er immer noch ein Verbrecher, und die Pilgerstätte in der staatlichen Bibliothek ist ihnen eine Dorn im Auge.

Wie aber kommt ein Verbrecher zu solch einer Ehre? Warum inspiriert keine andere Figur die australische Phantasie in Literatur und im Film so sehr wie Ned Kelly? Der Autor Peter Carey bekam für sein Buch *Die wahre Geschichte von Ned Kelly und seiner Gang* den Booker Prize. Dramatisch samt eisernem Harnisch und eiserner Maske wurde Ned Kelly bereits 1906 im ersten narrativen Spielfilm der Welt verewigt. Insgesamt gibt es acht Ned-Kelly-Verfilmungen. In der von 1965 (*Kelly, der Bandit*) spielt Mick Jagger die Hauptrolle. Und niemand hat den Ned Kelly wohl so gut gespielt wie Heath Ledger, der im Film *Gesetzlos – Die Geschichte des Ned Kelly* übrigens mit wunderbarem irischen Akzent spricht.

Die Australier haben ein Herz für Underdogs, für die Gedemütigten ihres Landes. Ihre wahren Helden sind mutige Kämpfer, auch wenn sie am Ende als Verlierer dastehen. Ned Kelly geriet trotz seines Anstands auf die schiefe Bahn, als ihm von der Obrigkeit Verbrechen untergeschoben wurden, die er niemals begangen haben konnte. Er wurde notgedrungen zu einem Pferdedieb, und später, als er sich mit seiner Gang abzutauchen entschloss, kam es zu Schusswechseln mit der Polizei, wobei ein Polizist ums Leben kam. Die Behörden setzten seiner Familie übel zu, und als man seine Mutter Ellen grundlos ins Gefängnis warf und seine Schwestern sexuell bedrängte, begann eine Revolte, wie Australien sie zuvor nicht gesehen hatte.

Ned Kelly führte einen Kampf gegen das korrupte und seelenlose Establishment, begleitet von seinen flammenden Appellen. Und es war ein Aufstand, der von vielen Menschen des Landes unterstützt wurde. Denn Ned Kelly, der gesuchte Dieb und Mörder, verteilte das erbeutete Geld an Arme und Bedürftige. Als Ned Kelly angeschossen wurde und man ihn in seiner mittelalterlich anmutenden Rüstung gefangen nahm, gab es eine Petition von 32 000 Stimmen, die um Gnade für ihn baten.

Man brannte ganze Wälder ab, in denen man das Versteck von Ned Kelly und seiner Gang vermutete. Man vergiftete Seen und Flüsse. Die Flüchtigen tranken das Blut ihrer Pferde, um zu überleben. Achttausend Pfund wurden auf seinen Kopf ausgesetzt, der damals weltweit höchste Kopfgeldbeitrag. Ned Kelly und seine Gang wurden zu Outlaws erklärt. Jeder, der wollte, durfte sie erschießen und das Kopfgeld kassieren.

Als man Ned Kelly gestellt hatte, wurde das letzte *shootout* zu einer öffentlichen Inszenierung. Die Menschen konnten sogar Tickets kaufen, um bei dem Kampf dabei zu sein. 1880 verfolgten über tausend Zuschauer das Spektakel an einer Bahnstation. Trotz zahlreicher Treffer ging Kelly nicht zu Boden, wurde von Freunden gestützt. Lieber aufrecht sterben, als in die Knie zu gehen.

Erst nach 132 Jahren wurden seine Gebeine an seine Familie übergeben. Im Jahr 2012. Das einzige Stück, das bis heute fehlt, ist der Schädel Ned Kellys, der bei einer Ausstellung 1978 gestohlen wurde. Die Polizei des Staates Victoria hat Kellys Familie nur ein namenloses Grab genehmigt. Man wolle schließlich nicht, dass das Grab eines Verbrechers zur Pilgerstätte wird. Nun, die hat er jetzt in der Bibliothek!

Er war ein gut aussehender Ire, ein außergewöhnlicher Boxer, ein mitreißender Redner mit großem Temperament. Er war ein Heißsporn und jemand, der das Herz am rechten Fleck hatte und ebenjenen Sinn für Humor, der ihm auch dann nicht verloren ging, als er durch Polizeikugeln lebensgefährlich verwundet wurde und 1880 schließlich seinem Henker gegenüberstand. »*Such is life*« sollen seine letzten Worte gewesen sein.

Wer heute nach einem kleinen Malheur, einem im Lagerfeuer verkohlen Buschbrot (dem berühmten Damper) oder einem verschütteten Bier im Pub freundlich in die australische Runde lächelt und ebendiese Worte wählt, wird mit Sicherheit weiterhin ein zustimmendes Nicken ernten.

Oh yes, such is life.

Stay in control. Ein Besuch im Casino

Als ich vor Jahren das Crown Casino in Melbourne zum ersten Mal besuchte, durfte man mit Flip-Flops nicht hinein. Früher galt: möglichst saubere Schuhe, gepflegtes Hemd, keine kurzen Hosen. Für Frauen gab es noch bis 2013 ein Handtaschenverbot. Doch längst hat die Banalisierung auch die Baccara- und Roulettetische erreicht. Mittlerweile darf man in das größte Casino Australiens am Yarra River sowohl mit Zehensteg-Gummilatschen als auch mit Handtaschen, Plastik- oder Jutebeuteln. Und so schlurfen bei meinem neuerlichen Besuch tatsächlich Menschen in Badesandalen und Shorts durch die endlosen Reihen der auf Hochglanz polierten Slot Machines im Erdgeschoss. Das Fußvolk eben, während die Superreichen, die draußen eigene Dauerparkplätze für ihre aufgemotzten Maseratis besitzen, in den höheren Etagen des Casinos am ganz großen Rad drehen. In der sogenannten Mahagoni-Lounge zum Beispiel, in die Normalsterbliche gar nicht hineinkommen. Dort wird vor allem Chinesisch und Vietnamesisch gesprochen, verriet mir ein Concierge. Die Sprachen der spielverrücktesten Nationen.

Das Crown Casino in Melbourne ist eine 24-Stunden-Geld-druckerei, an 365 Tagen im Jahr. Nur an Weihnachten macht man vier Stunden lang dicht, in denen dann Spitzenlöhne für die Jahresgeneralreinigung bezahlt werden.

Früher, als die Landarbeiter auf den Rinderfarmen nur einmal im Jahr ihr Geld bekamen, zogen einige von ihnen mit ihrem gesamten Lohn in das, was man wahrlich eine Spielhölle nennen konnte. Ein verrauchter Raum in irgendeiner Spelunke, weit draußen im Nirgendwo. Dort setzten sie dann oft an einem einzigen Abend ihr ganzes Geld aufs Spiel. Es gab nur zwei Möglichkeiten: gewinnen oder verlieren. Oder besser gesagt: *Sydney or the bush.*

Die Logik australischer Glücksritter. Entweder hatten sie Glück und wurden an die Strände der aufstrebenden Metropole Sydney gespült, oder aber sie mussten zurück auf die Farmen, zurück in die Ödnis, die Wildnis, die sie jeden Tag an die Grenzen ihrer Möglichkeiten brachte. Ähnlich wie die Farmer versuchten auch viele Goldsucher ihr Glück und setzten die mühsam ausgegrabenen Nuggets auf den Spieltischen ein. Und auch sie träumten davon, rauschende Feste in der Großstadt zu feiern. Doch wer heute durch den funkelnden Bauch des Spielcasinos in Melbourne schlendert, sieht an den Gesichtern, dass der Rausch der Stadt sich schnell in Tristesse verwandeln kann. Ein Bekannter, der selbst dem Online-Gambling verfallen ist, brachte es auf den Punkt: Heute musst du eigentlich noch nicht einmal aus deinem eigenen Haus gehen, um es zu verspielen.

Das australische Erbgut scheint ein Gen für das Wettspiel in sich zu tragen, das bereits die ersten Siedler aus England und Irland mitgebracht haben. Der australische Schriftsteller Peter Carey erzählt in seinem sehr lesenswerten Roman *Oscar und Lucinda* die rührende Geschichte eines Liebespaars aus dem 19. Jahrhundert, das dem Glücksspiel verfallen ist. Oscar, der Pfarrerssohn aus Irland, und Lucinda, die erfolgreiche Glasfabrikantin aus Sydney, sind beide leidenschaftliche Spieler und setzen am Ende auch ihre Liebe aufs Spiel. »So war das mit dem Wetten. Es war ein Ungeheuer, das gefüttert werden wollte.«

Die Leidenschaft zum Glücksspiel ist über die Zeit gewachsen. Heute wetten und setzen Australier auf fast alles, was sich statistisch berechnen lässt. Besonders gern auf Cricketspiele, Pferde-, Hunde- oder Autorennen. Aber auch auf Krötensprünge und sogar auf die Größe der Fische beim Angeln. Letztlich ist diese Passion fürs Wetten jedoch ein kleines Übel angesichts der Dimensionen, die das Zocken an den sogenannten *pokies* mittlerweile angenommen hat. Die Australier neigen grundsätzlich zur sprachlichen Verniedlichung, auch wenn es um ihre Probleme oder ihre Süchte geht. In der englischsprachigen Welt heißen die Geldspielautomaten zumeist *slot machines*, in Australien macht man aus den penetranten Geldschluckern niedliche *pokies*. Ein Begriff, der bereits zu einer Zeit entstanden ist, in der neben den Slot Machines in jedem Pub oder Club auch *video poker machines* herumstanden. *Pokies* – für viele Australier sind sie der erste Schritt in eine lebenslange Abhängigkeit. Heute ist Australien mit weitem Abstand Weltmeister, was die Anzahl von Geldautomaten und Spielsüchtigen betrifft. Australien stellt zwar nur 0,33 Prozent der Weltbevölkerung, aber 25 Prozent aller Glücksspielmaschinen. Man findet sie in jedem Pub, in fast jedem Hotel, in jedem Club.

Im Crown Casino hat mittlerweile jeder Automat auch seinen eigenen Schluckschlitz für die Kreditkarte, die mit einem leichten Schnurren eingezogen wird. Alles ist hier auf Eleganz und gradlinige Abläufe hin konzipiert. Lediglich die über den Spielgeräten angebrachten, vom Gesetz vorgeschriebenen Warnhinweise passen nicht so ganz ins Bild. In dezentem Schwarz-Weiß gehalten, blicken mir darauf einige Damen und Herren unterschiedlichster Nationalität mit übertrieben sorgenvollem Gesicht direkt in die Augen und warnen:

Stay in control.
Don't chase your losses. Walk away.
Set yourself a limit & do not exceed it.
In the end the machines will win.

Aber die Warnhinweise nützten nichts. Fast vierzig Prozent der Australier spielen an den *pokies*, die höchste Quote weltweit. Australier verlieren jährlich fast zwanzig Milliarden Dollar beim Wetten und im Glücksspiel. Das Spiel ums große Geld: eine australische Leidenschaft par excellence, die längst als Sucht zu einem Gesellschaftsproblem geworden ist.

Inselbegabung

Die Leidenschaft zum Glücksspiel muss allerdings nicht immer im Elend enden. Sie kann auch Erfolgsgeschichten schreiben, wie jene von David Walsh, einem australischen Genie. Walsh ist ein Mensch mit besonderen Fähigkeiten. Ein junger Mann aus Tasmanien, der sich dank seiner mathematischen Begabung durch die Casinos der Welt zockt. Der Erfolg beim Glücksspiel ist dem Australier bereits in die Wiege gelegt worden. Die Kunst eines autistischen Savant, bestimmte Dinge völlig anders zu sehen als gewöhnliche Menschen. In Davids Gehirn verwandeln sich die rotierenden Scheiben der Spielautomaten und die Felder auf den Roulettetischen in ein Feuerwerk mathematischer Formeln. Eine synästhetische Begabung, wie auch Klangseher und Farblauscher sie haben. David fühlt und erspürt Algorithmen, wo andere nur blinkende Zahlenlämpchen sehen, und mischt damit die Glücksspielbranche auf.

Und so reist er durch die Welt und gewinnt, wann und wo immer er möchte. In Spielcasinos, auf Pferderennbahnen, in lärmigen Spielhöllen und eleganten Clubs. Alle Orte, an denen man Geld gewinnen kann, können zum Objekt seiner

Begierde und zum Opfer seiner Begabung werden. Das mathematische Orchester in seinem Kopf hilft ihm, die Zahlen in musikalische Muster und diese in Geld zu verwandeln. Kein Wunder, dass David Walsh, der aufgrund seines angeborenen Talents bereits Millionen scheffelte, in den Casinos sehr schnell Spielverbot erhält. Was ihn aber nicht stört. Denn bald schon findet er einen Algorithmus, der auch die Online-Spielbanken sprengt. Geld wird nie wieder ein Problem für ihn sein.

Mit seinen langen blonden Haaren, bunten Hemden und seinem struppigen Bart sieht Walsh heute aus wie ein in die Jahre gekommener Hippie. Glücklicherweise hat er neben seinem Talent zum Glücksspiel noch andere Interessen und Begabungen. Vor allen Dingen die Kunst. Was macht er also mit all seinem Geld? Er verspricht seiner Heimat Tasmanien, das erspielte Vermögen in ein Museumsprojekt zu stecken, wie es die Welt bisher noch nicht gesehen hat. Und er hält Wort. Walsh leistete sich die teuersten Künstler der Welt und errichtete das größte und spektakulärste Privatmuseum südlich des Äquators – mit zweihundert Mitarbeitern und freiem Eintritt für alle Tasmanier. Der Rest der Welt muss zahlen.

Auf einem Hügel am Ufer des Derwent River, fünfzehn Kilometer nördlich von Hobart, eröffnet der einstige Glücksspieler 2011 das MONA, das Museum of Old and New Art. Ein Schild an der Auffahrt zum Museumsberg warnt nicht etwa vor Kängurus oder Tasmanischen Teufeln, sondern vor den Enten aus dem eigens angelegten Teich. Alles vom Feinsten. Gepflegte Weinreben begleiten einen den Berg hinauf, und wer genau hinsieht, entdeckt einen Parkplatz für GOD und gleich daneben einen für Gottes Frau, die GODDESS MISTRESS. Das kunstverrückte Genie David Walsh hat Humor, ohne Zweifel.

Während eine Band auf großer Bühne im riesigen Garten in einen Jazzrausch verfällt, machen es sich Sonnenhungrige auf großen Kissen auf dem Rasen bequem und schlürfen

Champagner oder trinken Cidre. Unten am Wasser der Bucht steht ein rostroter, aufs Filigranste gestalteter Pavillon – mein Lieblingsstück, das Bauwerk *Chapel* des belgischen Konzeptkünstlers Wim Delvoye. Wer diesen kleinen Kunsttempel betritt, wird sich wundern, wie sakral Röntgenbilder in Buntglasfenstern inszeniert werden können.

Das MONA ist kein gewöhnliches Museum, sondern eines, das sich durch einen Felsen nach unten in die Erde gefressen hat. Mit dem Glaslift geht es hinab in das, was Walsh gern als sein subversives Disneyland bezeichnet, ein Museum, mit dem er gleichermaßen schockieren, informieren, unterhalten und herausfordern möchte. Das unterirdische, karge 6000 Quadratmeter große Riesenloft, das man durchschreitet, zeigt vor allem Werke zu den Themen Geburt und Sex und Tod. Immer wieder sind auch Exponate darunter, die Kritik am digitalen Zeitalter üben. Von der Decke zischt ein überdimensionaler Tintenstrahldrucker für Sekundenbruchteile Wasserwörter in die Luft, die auf die Erde hinabregnen.

Werke von Anselm Kiefer und Julian Popp sind zu sehen und solche des französischen Künstlers Christian Boltanski, der von sich sagt, er habe einen Deal mit dem tasmanischen Teufel geschlossen – mit David Walsh eben. Wer möchte, kann im MONA für 100 000 Dollar in einer Urne seine ewige Unruhe finden – nur die Verbrennung, so Walsh, die übernimmt das Museum nicht.

Die Kunstwerke des MONA kann man auf einem iPod touch bewerten. *You love it or you hate it.* »Ich muss schließlich wissen, was den Leuten gefällt«, sagt der Glücksritter Walsh. »Und das muss dann ganz schnell raus hier.«

Walsh sagte mir, wenn du etwas über die Charaktereigenschaft der Australier erfahren möchtest, solltest du in ein Casino gehen. Denn die Australier sind Glücksritter, die nur allzu gern die Jetons auf die leeren Felder ihres Lebens setzen.

Kangaroo II – Purzelbaum ins Beutelglück

Boing. Boing. Zwei winzige Kängurukinder hüpfen über die rotbraune Steppe des Outback, als hätte ihnen jemand eine Sprungfeder eingebaut. Mit seinen großen Füßen federt der acht Monate alte Winzling Ruby wie ein Irrwischhase durch die Luft und purzelt vor Übermut fast vornüber. Kleine Kängurus haben so viel Spaß am Hüpfen, dass ihnen das Anhalten schwerfällt, sobald erst einmal der Vorwärtsgang eingelegt ist. »Jetzt muss ich den Joeys nur noch beibringen, wie man stoppt«, sagt Chris Brolga Barnes, der hier draußen, fünfzehn Kilometer außerhalb von Alice Springs, ein Waisenhaus für Kängurukinder errichtet hat. Joeys werden in Australien grundsätzlich alle Beuteltierkinder genannt.

Verkehrserziehung wäre wohl angebracht, auch ein weiches Kissen als Aufprallfläche wäre nicht schlecht. Draußen in der Wildnis ist es nicht selten das weiche Hinterteil der Kängurumutter, das die ungestümen Hüpfzwerge abbremst.

Es sind die wesentlich härteren Aufprallszenarien draußen auf dem Stuart Highway oder den anderen Straßen des Outback, welche die kleinen Kängurus überhaupt erst zu Waisen machen. Denn Australier haben ein überaus nüchternes Verhältnis zu ihrem Wappentier. Die sogenannte *roo bar*, ein robuster Rammschutz an Autos, Bussen und Lastern, lässt Kängurus keine Chance. Kleine Babykängurus können dabei noch Tage im Beutel ihrer angefahrenen oder toten Mutter überleben. Ein trauriges und herzzerreißendes Bild, wenn ein Kleines nach einem Unfall auf der Straße landet und verzweifelt versucht, wieder in den Beutel der Mutter zu kriechen. Für Joeys bedeutet der Beutel alles – es ist ihre Welt.

Tiere mit eingebauter Klimaanlage

Neben seinen vorherigen Jobs als Busreiniger und Reiseführer betrieb Chris bereits früher ein Kanguruwaisenhaus. Das erste Babykänguru, das er als Tourguide auf der Straße aus dem Beutel eines toten Tieres rettete, nannte er Anna, nach einer deutschen Touristin, die es im Bus zu sich in Pflege nahm. Anna, das kleine Känguru, veränderte Chris' Leben von Grund auf. Dank der Erbschaft seines Onkels Ross aus Perth konnte er sich 2009 den Traum seines *Kangaroo Sanctuary* erfüllen. Er zog raus in die Wildnis, kaufte sich Land, schlug fünfhundert Pfosten ein und wickelte Maschendraht um das Ganze, um die Winzlinge vor den Dingos und anderen mit Zähnen bewaffneten Jägern zu schützen.

Seine Arbeit mit den Waisenkindern sprach sich schnell herum. Da in den über zweihundert Gemeinden der Aborigines in Zentralaustralien die Jagd und das kommerzielle Töten von Kängurus erlaubt ist, brachten ihm die Kinder der Aborigines bald viele kleine Waisen zur Aufzucht. Denn auf der Jagd bevorzugen ihre Väter die kleineren Weibchen, weil die sich besser schultern lassen als die riesigen, bis zu neunzig Kilo schweren männlichen Kängurus. Heute zieht Chris Barnes auf seinen knapp vierzig Hektar Land jährlich bis zu zweihundert Waisen auf und bringt ihnen alles bei, was sie in freier Wildbahn von ihrer Mutter lernen würden: wie man hüpft, wie man frisst, wie man stoppt und wie man die Körpertemperatur senkt, indem man sich kühlenden Speichel auf die Venen am Pfotengelenk leckt. Denn Kängurus schwitzen nicht. Sie regulieren ihre Körpertemperatur, indem sie ihre Unterarme oder die Haut am Fußknöchel befeuchten. Das so gekühlte Blut zirkuliert und kühlt den ganzen Körper. Kängurus sind also Tiere mit eingebauter Klimaanlage.

Känguruwaisenkinder wie Rex und Ruby lernen bei Chris den Purzelbaum in einen leeren Kissenbezug. Er hält ihn vor sie hin, und sie springen kopfüber rein. Eine hübsche, aber leider nicht ganz naturgerechte Übung. Denn mit den oft ruppigen Kletter- und Einsteigeversuchen der kleinen Kängurus, die man draußen in der Wildnis sieht, hat die putzig aussehende Flugrolle in den Kissenbezug nicht allzu viel gemein.

In Alice Springs lachte man Chris früher aus, wenn er mit seinen Babykängurus im blauen Tragetuch – eines links, eines rechts – im Supermarkt oder im Baumarkt auftauchte. Noch heute machen sich einige in der Stadt über ihn lustig. »Sogar zu seinen Rendezvous hatte er seine Joeys dabei. Ob die Frauen wirklich wollten, dass da ein Kängurufüßchen beim Abendessen überm Teller schwebte?« Früher ließ Chris die Kängurukinder auch nach dem Baden draußen im Kissenbezug an der Wäscheleine hängen. Bis sich dann einige Ranger beschwerten, weil diese Art der Unterbringung nicht artgerecht sei.

2012 geschah schließlich das Wunder. Der Einsiedler Chris, der auch seinen Aborigines-Namen *Brolga* (Storch!) gern trägt, wurde von einem Filmemacher der BBC entdeckt. Nach Crocodile Dundee Paul Hogan und dem Krokodiljäger Steve Irwin verpasste man Australien nun einen neuen Star. Aus Chris *Brolga* Barnes wurde *Kangaroo Dundee*. Ein neuer Typ des australischen Mannes war geboren: kein Outback-Macho, aber auch kein Weichei. In seinen Tiersendungen im Fernsehen zeigt er sich mit seinen verwegenen blonden Haaren, den blauen, etwas wehmütigen Augen und einem verbeulten Hut, mit dem man ihn in London nicht in sein Hotel lassen wollte, obwohl er gerade einen Filmpreis gewonnen hatte. Nach der Ausstrahlung der ersten BBC-Staffel, die allein über 1,8 Millionen Engländer sahen, spielten die englischen Ladys verrückt. Schickten ihm tränenbekleckste Briefe, als in einer Sendung das kleine Känguru Daisy in seinen Armen starb. Und dann gab er auch noch öffentlich in der BBC-Sendung bekannt, dass er sein Leben als Känguruziehvater gern mit einer Frau teilen würde. Es folgten zahllose Liebesbriefe und diverse Heiratsanträge. Die englische Frauenwelt kam nicht zur Ruhe. *Too late now* – Chris *Brolga* Barnes ist mittlerweile – Stand Juli 2014 – in festen Händen.

Dreaming & Songlines

Take nothing but photographs,
leave nothing but footprints.

Durch Filme oder sporadische Einblicke in ihr Leben haben sich stereotype Bilder von den Aborigines verfestigt. Oft sind es Bilder von lethargischen, gebrochenen oder bettelnden Menschen. Bilder einer uns völlig fremden Welt. Wer sind aber diese Menschen? Wie leben die Aborigines tatsächlich?

Soviel steht fest: Die überlieferten Armutsbilder sind nicht repräsentativ. Heute leben Aborigines in Australien in *allen* Gesellschaftsschichten. Mittlerweile gibt es unter ihnen Professoren, Ingenieure, Abgeordnete, Informatiker, Ärzte und Rechtsanwälte. Viele Aborigines arbeiten in künstlerischen Berufen. Es gibt bekannte Schauspieler wie David Gulpilil und Everlyn Sampi und Sportler wie Cathy Freeman, die bekannte Leichtathletin, die bei den Olympischen Spielen 2000 in Sydney das olympische Feuer entzündete. Es gibt auch Stars unter den Aborigines wie die R&B-Sängerin und Schauspielerin Jessica Mauboy, deren wunderbaren Film *The Sapphires* man unbedingt gesehen haben sollte.

Fast achtzig Prozent der Aborigines leben heute in den Städten Australiens, die meisten von ihnen in den Bundesländern New South Wales und Queensland. Viele von ihnen wird man allerdings als solche gar nicht erkennen. Ich kenne einen Aborigine, einen Journalisten, der völlig weiße Haut, Sommersprossen und blonde Haare hat. Warum die Ureinwohner so assimiliert sind, darüber wird im Folgenden zu sprechen sein.

Aborigines, die stärker in ihrer traditionellen Lebensweise verwurzelt sind, wird man am ehesten im Northern Territory finden. Obwohl hier heute nur noch 64 000 Aborigines leben, stellen sie in diesem dünn besiedelten Bundesstaat fast ein Drittel der Bevölkerung und prägen so auch das Straßenbild in den größeren Orten. Die drei größten Sprachgruppen sind die Anangu Pitjantjatjara (Westliche Wüste und rund um den Uluru), die Aranda (Alice Springs) und die Anangu Luritja, die auf dem Land zwischen den beiden erstgenannten Gruppen leben.

Von ihrer eigenen Gruppe, ihrem eigenen Stamm, sprechen die Aborigines jeweils als Volk (*my people*) oder gar als Nation, auch wenn es sich dabei nur noch um einige Hundert Menschen handelt. Das gebietet der Stolz – schließlich wurden viele der Stämme durch die weiße Besiedlung stark dezimiert. Die Mythen und Schöpfungsgeschichten der vielen Hundert australischen Stämme unterscheiden sich teilweise enorm, und manche widersprechen sich sogar. Schließlich gibt es *die* Aborigines nicht. Und auch keine Aborigines-Kultur, sondern nur *Kulturen.*

Aborigines, die in den Tropen leben, kennen völlig andere Totemtiere und Geschichten als die Bewohner der Halbwüsten. Und doch gibt es auch gemeinsame Mythen. Am bekanntesten ist die Schöpfergestalt der Regenbogenschlange. Ein zweigeschlechtliches Wesen, das als weiblicher Geist die Erde, Berge, Täler, die Flüsse und Wasserlöcher schuf und als männlicher Sonnengeist den Regenbogen. Die *rainbow serpent* ist die Beschützerin des eigenen Volkes und eine gnadenlose Verfolgerin von Gesetzesbrechern.

Natürlich gibt es auch Aborigines, die weiterhin als Jäger und Sammler durchs Buschland ziehen. Als Besucher Australiens wird man mit ihnen kaum in Kontakt kommen, ebenso wenig wie mit den Bewohnern der *Aboriginal Communities* im Outback, deren Lebensumstände oft zum Himmel schreien und für deren Besuch man eine Genehmigung benötigt.

Land im Kopf

Wie kann man nur so viel Land im Kopf behalten? Der alte Norman vom Stamm der Aranda hatte ein unfassbares Gedächtnis und eine außerordentliche Beobachtungsgabe. Man setzte ihn in ein Flugzeug, und obwohl er das Land seines Volkes niemals zuvor aus dieser Perspektive gesehen hatte, erkannte er auf Hunderten von Kilometern jeden Berg, jedes Tal und jedes Wasserloch. Er kannte sein Land aus den Liedern, die er als junger Mann gelernt hatte. Das, was er das gesungene *Dreaming* nennt. Er hatte sich von klein auf ein umfassendes Bild seiner Welt gemacht, ganze Landstriche in seinem Kopf abgespeichert und fand nun, oben unter den Wolken, mühelos jeden Weg, jeden Pfad anhand der überlieferten Lieder.

Diese Lieder sind gleichsam der innere Kompass und die innere Landkarte der Aborigines, Wegweiser, die ihnen niemand stehlen kann, weil sie im Gedächtnis aufbewahrt werden: die *tjuringa line* der Aborigines. In seinem Buch *Traumpfade* nennt Bruce Chatwin sie *Songlines*. Die geografische Lage der australischen Berge und Täler und Flussläufe, laut Schöpfungsmythos einst von der mächtigen Regenbogenschlange geformt, werden wieder in die Erinnerung gesungen. Die Welt der ersten Australier ist nichts anderes als eine große topologische Partitur aus Felsen, Spinifex-Büschen, Billabongs, Wäldern und Bergen.

Kein links – kein rechts

Im Jahr 2005 reiste ich nach Cooktown in den Norden Australiens zum Stamm der Guugu Yimithirr. Als Wissenschaftsjournalist faszinierte mich eine Eigenschaft dieses Stammes, die in den einschlägigen Büchern über Australien kaum Erwähnung findet. Die Guugu Yimithirr können den geografischen Punkt, an dem sie sich aufhalten, empfinden. Sie fühlen die Himmelsrichtungen. Sie kennen kein rechts und kein links, kein vorn und kein hinten. Frauen und Männer haben nicht nur die Karte und die *Songlines* ihrer Vorfahren verinnerlicht, sie verfügen auch über ein inneres Navigationssystem, mit dem sie zu jeder Tages- und Nachtzeit exakt sagen können, wo sie sich gerade aufhalten.

Wir kennen das absolute Gehör. Die Guugu Yimithirr aber haben ein absolutes Raumempfinden. Wenn man ein Mitglied der Guugu Yimithirr fragt, in welche Richtung der Dingo gelaufen sei, den man eben noch am Strand sitzen sah, so kann er lapidar antworten: »In Richtung Süden.« Als ich einen Stammesangehörigen aus Cooktown in einem Park traf, erlaubte der sich einen Scherz mit mir und sagte, ich solle auf der Parkbank bitte ein wenig nach Norden rutschen.

Der Aborigine Ernest Brimm nennt diese besonderen Fähigkeiten *survival memory*. Ohne die Fähigkeit, die Landschaft im Innern abzuspeichern und die Spuren in der Steppe und Wüste lesen zu können, hätten die Aborigines nicht überleben können. Aus diesem Grund werden die besten ihrer Tracker, ihrer Fährtenleser, auch heute noch um Hilfe gebeten, wenn irgendwo jemand verschollen ist. Als der Amerikaner Robert Bogucki 1999 in der Great Sandy Desert verloren ging, kooperierte die Polizei eng mit den im südlichen Kimberley lebenden Stämmen. Robert Bogucki hatte 43 Tage allein in der Wüste überlebt. Einer der bislang spektakulärsten Fälle, der glücklicherweise durch die Hilfe von drei Spurenlesern der Aborigines ein gutes Ende fand.

Wenn man erst einmal hinter dem schwarzen Baumstumpf angekommen ist, wie die Australier sagen, dem wahrscheinlich letzten Zeichen der Zivilisation, gibt es nicht mehr viel, woran man sich noch orientieren könnte.

Wer als Aborigine die inneren Kartierungen, die *Songlines*, eines Gebietes nicht kennt, muss jedoch nicht verloren sein. Angehörige von Stämmen, die zum ersten Mal in fremde Territorien kommen, können anhand von Felszeichnungen überleben. Jeder Aborigine weiß diese Landkarten aus Stein und ihre Symbole zu lesen. Konzentrische Kreise zum Beispiel zeigen überlebenswichtige Wasserstellen an. Sind um die konzentrischen Kreise viele Hände abgebildet, heißt das, jeder hat das Recht, auf dieses Wasser zuzugreifen.

Die *Songlines* des eigenen Stammes aber sind für Fremde geheim. Sie helfen nur den Eingeweihten, den Wissenden. Mythische Ort und Einweihungsplätze sind in den Liedern festgehalten. Geh hier lang, nicht dorthin. Hier führt das Lied zu einer sicheren Quelle, dort in den Abgrund. Es ist das, was die Aborigines im Englischen *sacred knowledge* nennen. »Und bitte übersetze das nicht mit heilig«, warnt mich Ernest. »Heilig ist etwas anderes. Schreibe meinetwegen: Wissen, das durch unseren Gesang geweiht wird. Es ist aber nicht heilig in eurem christlichen Sinn.«

Ernest sagt mir, das Verhältnis der Ureinwohner zu ihrem Land sei seit jeher von einem totemistischen Denken geprägt gewesen, niemals von Besitzdenken. »Das Land ist unsere Bibliothek, unsere Universität, unser Wissen liegt darin verborgen. Nicht wir besitzen das Land, das Land besitzt uns.«

Diese Einstellung der Aborigines ist ein wichtiger Punkt, wenn es um die Rechte an Bodenschätzen oder die Frage der Landenteignungen geht. Darum, wem das Land letztlich *gehört*. Denn ihrer Auffassung gemäß hat niemand einen Anspruch darauf. Es wird uns noch nicht einmal von den Ahnen geborgt.

Nenn es bitte nicht Traumzeit

Traumzeit. Zugegeben, ein wunderschönes Wort. Leider jedoch führt dieser Begriff, den wir im Westen oft verwenden, um die Mythenwelt der Aborigines zu beschreiben, völlig in die Irre. Denn in ihrer Schöpfungswelt gibt es weder ein *Träumen* noch eine *Zeit*, noch einen *Raum*. Die Aborigines kannten Zeit und Raum als abstraktes Konzept gar nicht. Wenn sie die englische Sprache heranziehen müssen, sprechen sie deshalb nicht von *Dreamtime*, sondern von *Dreaming*. Weder Zeit noch Geschichte sind in diesem Begriff enthalten. Das *Dreaming* ist der raum- und zeitlose Ursprung, das, was man immerwährende Schöpfungsgegenwart nennen könnte.

Wahrscheinlich benutzen Forscher die Bezeichnung »Traumzeit« weiterhin aus poetisch-ästhetischen Gründen. Aber eigentlich sind die verschiedenen Stammesbegriffe des *Dreaming* nicht übersetzbar, weil sie sowohl für eine Landkarte, ein langes erzählendes oder gesungenes Gedicht als auch für die Grundsätze des spirituellen und traditionellen Lebens und der mystischen Ordnung stehen. Mit *Zeit,* also mit Traumzeit, hat dies wenig zu tun.

Ein Aborigine sagte mir: »Du musst deine Schuhe *und* Füße ablegen, nachdem du in den Baum des *Dreaming* gestiegen bist.« Das erinnert ein wenig an Wittgenstein, der auch verlangte, die erklommene Leiter einfach hinter sich umzuwerfen, wenn der Aufstieg zur erkenntnisvollen Wahrheit gelingen soll.

»Wenn ihr unbedingt einen Zeitbegriff für die Schöpfung braucht«, sagt Ernest, »dann benutzt doch den hübschen englischen Ausdruck *everywhen.* Das hat aber nichts mit *anytime* zu tun. Jederzeit ist nicht gemeint.«

Sehr poetisch, aber auch komplex das Ganze, denke ich mir. Dabei glaubte der Schriftsteller und Religionsforscher Mircea Eliade, alles sei so einfach. Die Aborigines würden schlichtweg bei ihren Initiationen in eine vergangene Zeit zurückkehren oder die jetzige Zeit auf eine mythische, graue Vorzeit projizieren. Ebenjene Traumzeit. Dabei, so lerne ich, gibt es für die Aborigines keine Vergangenheit, Gegenwart oder Zukunft. Sie fallen völlig aus dem Zeitstrom heraus. Alles in ihrer Welt findet gleichzeitig in einem immerwährenden *Jetzt* statt. Und somit können auch die Ahnenwesen immer und jederzeit gerufen und materialisiert werden. Auch jetzt, in diesem Moment.

Die Schuhe, die unsichtbar machen

Ich werde Bruce Chatwin auf ewig dankbar sein, weil ich über sein Buch *Traumpfade* auch zu Arthur Rimbaud, dem *Mann mit den Fußsohlen aus Wind*, gefunden habe. Wie der französische Dichter Rimbaud war auch Chatwin auf der Suche nach den Ursachen menschlicher Rastlosigkeit, auf der Suche nach dem Wesen des Reisens und Wanderns. Und welcher Ort würde sich wohl besser für eine solche Suche eignen als Australien, das Land eines der ältesten Nomadenvölker der Erde, der Aborigines?

Chatwin kehrte mehrmals nach Australien zurück, weil er glaubte, hier endlich genügend Material gefunden zu haben, um sein Buch *Traumpfade* abschließen und darin dann alles einflechten zu können, was er zum Thema der Wanderschaft weltweit gesammelt hatte. In einem Interview mit dem australischen Fernsehsender ABC 83, in dem er sich zur Komplexität der *Songlines* äußern sollte, sagte er: »Die Pyramiden sind, im Vergleich damit, kleine Sandkuchen.«

Stundenlang saß Chatwin im Strehlow-Institut in Alice Springs über einem Buch, das Ted Strehlow, ein australischer Ethnologe, verfasst hatte. Der Titel: *Nomads in No-man's-land*. Strehlow hatte Hunderte von Artefakten der verschiedenen Stämme gesammelt, geheime Initiationsriten auf über zwanzig Kilometer Zelluloid gefilmt und viele *sacred things* fotografiert. Ein über ihn im deutschen Magazin *Stern* verfasster Artikel wurde Ted Strehlow in den Siebzigern zum Verhängnis. Seine besten Aborigines-Freunde warfen ihm Verrat vor, weil er einige Geheimnisse ausgeplaudert, vor allem aber geheimes Bildmaterial an einen Journalisten weitergegeben hatte. Der versprach Strehlow zwar, nichts zu veröffentlichen, tat es aber dann doch. Eben im *Stern*.

Dort, wo Chatwin immer saß, sitze ich nun, über die gleichen Bücher gebeugt. John Strehlow, der Sohn des Anthropologen, bringt mir das Buch seines Vaters, das auch Bruce Chatwin so ausgiebig studiert hatte. Er legt es auf ein großes, weiches Kissen. Wie ein unschuldiges Baby liegt das gewichtige Werk vor mir, während John Strehlow keine fünf Meter von mir entfernt an einem riesigen Schreibtisch an dem zweiten Buch über seine Mutter Frieda arbeitet.

Nachdem ich tagelang über mir völlig fremden Initiationsriten und Sprachen der Aborigines gebrütet habe, kommt John irgendwann zu mir und macht mich mit den Forschern Mark und Adam vertraut. »Die beiden«, sagt John, »erstellen gerade zusammen einen Atlas der *Songlines*. Den ersten Atlas seiner Art überhaupt.«

Atlas der *Songlines*. Ich war der Ansicht, so etwas müsste es längst geben. Doch bislang hat die Ethnologie die *Songlines* zwar erforscht, sie aber niemals in Karten eingetragen und mit den mystischen Stätten in Australiens Landschaft verknüpft. Geheimes Wissen, das eben verloren geht, wenn sich kein Vermittler und Pionier findet, wie der Aborigine-Forscher Mark Inkamala.

Mark heißt mit Nachnamen Inkamala, was einfach *Fuß* bedeutet. Das macht viel Sinn, denn sein Motto heißt *Impartja Lurmina* – Folge den Spuren, *follow the tracks*. Mark Inkamala und Adam Macfie arbeiten seit einem Jahr zusammen. Adam hat schottische Wurzeln, und so saßen die beiden irgendwann gemeinsam über einer alten Karte von Schottland, auf der Mark genau das entdeckte, was er schon von seinem eigenen

Volk kannte. Jeder Clan hat seine eigenen *Impera* (Hoheitszeichen). Und weil die Clangebiete nach den verschiedenen Mustern der gewebten Kilts, der Schottenröcke, klar auf der Karte gegliedert waren, wollte Mark genau so etwas auch für die *Songlines* entwickeln. Mark und Adam arbeiten nun mit Google Maps an diesem wunderbaren Projekt, dem allerersten Atlas der *Songlines.*

Mark Inkamala ist ein S*enior Western Aranda Man*, ein Botschafter seines Volkes, der in alle Zeremonien eingeweiht ist und alle Initiationen mitgemacht hat. Nur durch das Einverständnis von Mark darf ich in die »heilige« Kammer unten im Keller, in der 1500 *sacred objects* liegen. Geheime Artefakte, die Ted Strehlow gesammelt hat, die aber für Weiße eigentlich tabu sind und es auch für Bruce Chatwin waren.

Mit einem bestätigenden Nicken von Mark bekomme ich das Einverständnis, mir alte Schutzschilde anzuschauen, deren Schnitzereien so individuell sind wie Fingerabdrücke. Das aufregendste aller Objekte für mich sind aber die *Schuhe, die unsichtbar machen.* Chatwin hatte sie bereits in seinem Buch erwähnt, allerdings konnte ich mir nie etwas darunter vorstellen. Es sind Mokassins, die über und über mit kleinen flauschigen, sandbraunen Federn besetzt sind, Federschuhe, die nur ein *Kurdaitcha*, ein Medizinmann mit besonderen Rechten, tragen darf.

Ein *Kurdaitcha* ist das, was Mark einen *assassin* nennt. Ein Mann, der das Recht hat zu morden. Altes Recht durchzusetzen und Verurteilte aufzuspüren, ihnen einen Speer durch den Oberschenkel zu jagen oder sie mit dem Tod zu bestrafen. Vor seiner Flucht in die Steppen und Wüsten zieht sich ein *Kurdaitcha* diese Federschuhe an, um keine Spuren zu hinterlassen. Selbst ein erfahrener Spurenleser kann einen *Kurdaitcha* nicht finden. Es ist ein Schuh, der wahrlich unsichtbar macht. Ein Medizinmann, der mit solchen »Rechten« ausgestattet ist, verfügt angeblich auch über die Fähigkeit des *Bone-Pointing.* Wenn der *Kurdaitcha* mit einem Knochen auf einen

Verurteilten zeigt, stirbt dieser nach kurzer Zeit auf meist unerklärliche Art. Krankenhäuser im Northern Territory haben tatsächlich Erfahrung mit Aborigines, die auf diese Voodoo-Weise verflucht wurden und allein an dem Glauben, nun sterben zu müssen, tatsächlich gestorben sind. Aus purer Angst, wie mir Mark Inkamala und Adam Macfie erzählen. Doch ein solcher Knochenfluch zeigt nicht immer Wirkung.

Im Jahr 2004 hat ein Aborigine, der mit der Politik des damaligen Premierministers John Howard nicht einverstanden war, das *Bone-Pointing* auf ihn angewendet und Howard verflucht. Zehn Jahre später ist John Howard allerdings immer noch am Leben und erfreut sich bester Gesundheit.

Zirkularatmung

Auf meiner Reise durch den Norden Australiens zu den Ursprüngen des vermeintlich ältesten Musikinstruments der Menschheit, des Didgeridoo, kam ich oft an die Grenzen meines Verstehens. Die Ureinwohner Australiens kennen mehr als vierzig Namen für dieses Instrument. *Yidaki*, sagt jemand zu mir. Ich lasse mir das Wort aufschreiben (*yirtakki)* und merke, dass die Schreibweise von dem Wort abweicht, das meine Ohren erreicht. Das ist häufig so. *Mago*, sagt der eine, *mako*, der andere. Doch kein Angehöriger eines Clans nennt es Didgeridoo. Im nördlichen Stammland, dort, wo das Instrument traditionellerweise gebaut wurde, also im Arnhemland und Kakadu-Nationalpark, heißt es dann plötzlich *gunbarrk*.

»Nenne es doch, wie du willst«, sagt Steven im Tjapukai Aboriginal Cultural Park in Cairns zu mir. »Es ist ein Instrument des Windes und hat längst seine Reise um die Welt angetreten.« Steven, der Poet. Ich mag es, poetische Menschen zu treffen. Der Wortdruide H. C. Artmann, der von allen Menschen einforderte, sie sollten ein poetologisches Leben führen, hätte seine helle Freude an den Aborigines im Tjapukai-Park gehabt.

»*Ein* Didgeridoo gibt es genauso wenig, wie es *die* Aborigines gibt«, klärt Steven mich auf, der mit vollem Namen Steven M. J. von Roehl heißt. Was für ein verrückter Name für einen Aborigine, denke ich mir. Und was für eine verrückte Familiengeschichte.

Steven hat mütterlicherseits Wurzeln, die auf die Kulin-Aborigines, auf Iren und Chinesen zurückgehen. Väterlicherseits gibt es deutsche Vorfahren, was man nicht nur seinem Namen, sondern vor allem seinem hellen Gesicht anmerkt. Eine verwegene Mischung aus indigenen, chinesischen und deutschen Zutaten.

Er nennt sich *Aboriginal Australian*. Sein Totem ist der *blue tongue lizard*, die blauzüngige Echse. Sein Stamm sind die Wagiman, seine ursprüngliche Heimat der Daly River. Nach dem Luftangriff der Japaner auf Darwin floh seine Familie in den Süden.

»Kein Instrument klingt wie das andere – jedes hat einen individuellen Klang, eine eigene Seele«, sagt Steven. »Vielleicht müsste man jedem Didgeridoo seinen eigenen Namen geben.« Erstaunlich auch die verschiedenen Stilrichtungen. Ganz in der Nähe, so Steven, gebe es sogar ein paar Didgeridoo-Rapper.

In der Tat. Es ist ein riesiger Unterschied, ob Adèle und Zalem Delarbre, die beiden Irrwische des europäischen Didgeridoo-Spiels, zusammen auftreten oder der Ravi Shankar der Didgeridoo-Welt, der Altmeister Djalu Gurruwiwi, seine trancehaften Stücke aus uralter Zeit in den Raum haucht. Die Bandbreite guter Didgeridoo-Musik ist groß, und ich liebe es, auf den langen Fahrten durchs Outback diese warmen Klänge zu hören, die so gut zur Landschaft passen.

Wenn ich jedoch noch mehr über das Instrument wissen wolle, müsse ich mich an Ernest Brimm wenden, meint Steven zum Abschied. Und ich solle mir die Show heute Abend nicht entgehen lassen.

Redende Hände, lauschende Füße

Dschirri nyurra? – How are you?, haucht eine Stimme ins Mikrofon. *Beginning of the wet season* – fünf Musiker zaubern mit ihren Didgeridoos akustisch zuerst das Plätschern, dann das anschwellende Prasseln eines Tropenregens auf die Bühne. Einige Männer vollführen einen Froschtanz.

Ein schlanker Pantomime greift suchend mit seinen gespreizten Fingern in die Luft, als wäre er ein Blinder. Während die anderen Tänzer ihre Körper wiegen und in den wummernden Bass eintauchen, der aus den fünf hohlen Eukalyptusstämmen dringt, tastet der schlanke Pantomime mit seinen Handflächen dem unsichtbaren Regen nach.

»Cliff kann durch einen See aus Tönen gehen, obwohl er nichts hört«, sagt Ernest Brimm, der Aborigine, den ich hier in Cairns kennenlernte und der für mich nun als »Übersetzer« fungiert. Cliff, der hier im Tjapukai-Park zum Ensemble der Tänzer und Mimen gehört, ist taubstumm. Er fügt sich aber mühelos und synchron in die Tänze ein.

»So wie der Dornenteufel in der Wüste die Tropfen des Morgentaus über seine Haut einsammelt, so saugt Cliff, der taubstumme Tänzer, die Schwingungen der Klänge mit seinen Fußsohlen und Handflächen auf.«

Auch Ernest hat einen Hang zum Poetischen. »Gleich erwacht die Natur«, flüstert er und erklärt mir den Tanz. »Die Didgeridoos werden die Tiere ins Leben hauchen. Ein morgendlicher Schöpfungsmythos.«

Unten auf der Bühne machen die Musiker mit ihren Didgeridoos das Heulen eines Dingos nach. Dann den Ruf eines Kookaburra, des Lachenden Hans. Einer imitiert akustisch eine hüpfende Kängurumutter samt Kleintier. Ein Vibrato, ein Zungenstakkato. Und alle Tänzer federn mit angezogenen Armen in riesigen Sprüngen über die Bühne.

Ich kenne kritische Stimmen, die sagen, dieses abendliche bunte Spektakel im Tjapukai Aboriginal Cultural Park in

Cairns sei nur eine genau auf die Wünsche und Erwartungen der Touristen abgestimmte Inszenierung. Und mit der Schönheit authentischer Tänze und wahrer traditioneller Musik der Aborigines nicht zu vergleichen.

Tatsächlich kann man sich in Australien bei öffentlichen Aufführungen immer wieder die Frage stellen, was nun authentisch und was für Besucher inszeniert ist. Trotzdem sind Veranstaltungen wie diese wichtig: Noch 1987 gab es in ganz Australien keine einzige touristische Attraktion, die Touristen mit dem Leben und der Kultur der Aborigines in Kontakt brachte. Als Judy und Don Freeman und eine kleine Truppe von Performern und Tänzern der Aborigines zu dieser Zeit ihr Tanztheater bei Cairns eröffneten, wäre es nach Ansicht der lokalen Medien schon ein großer Erfolg gewesen, wenn sie nur zwei Monate durchgehalten hätten. Heute ist der Tjapukai Aboriginal Cultural Park Australiens erfolgreichste Bühne dieser Art.

Long live the termite

Wie gut sich ausgerechnet das Didgeridoo eignet, Schwingungen in den menschlichen Körper zu übertragen, durfte ich vor Jahren am Vojta-Zentrum in Rom erleben, einer physiotherapeutischen Kinderklinik. Ein Didgeridoo-Spieler führte uns dort die heilsame und überraschend schleimlösende Wirkung seines Instruments vor, indem er zuerst den Oberkörper eines Kollegen bespielte, ihm dann auf die Brust klopfte und ihn mit einer medizinischen Salbe einrieb. Der Kollege fühlte sich nach der Behandlung wie befreit.

Andrew Langford, einer der besten Didgeridoo-Spieler Australiens, ist ein Pragmatiker. »Könnte natürlich sein, dass das Didge da ein bisschen was bewirkt und gelöst hat, aber vielleicht war es ja eher das therapeutische Klopfen, die Salbe oder der Glaube, die den Erfolg ausgemacht haben.«

Seinen Schülern empfiehlt er jedenfalls zuerst einmal, allen mystischen und esoterischen Ballast, der weltweit mit dem uralten Instrument in Verbindung gebracht wird, abzuwerfen. » *Toilets are cool to learn the didge.*« Für Anfänger reiche ein anständig gekacheltes Bad völlig aus, so Andrew, das erzeuge eine tolle Akustik. Ein typischer Aussie-Ratschlag: ein bisschen lustig, aber eben auch unheimlich praktisch.

Ich hatte mich zu einer Unterrichtsstunde in Andrews Laden in der Fußgängerzone in Alice Springs angemeldet und wurde dort passenderweise mit » *Long live the termite*« begrüßt. Kein Wunder, dass er ausgerechnet den Termiten ein langes Leben wünscht. Denn die kleinen Insekten höhlen schließlich die Eukalyptusstämme aus und sind damit die eigentlichen Baumeister der Didgeridoos.

Über einige Öffnungen hat Andrew *stubby holder*, diese praktischen Bierhalter, gestülpt, um den Staub abzuhalten. Er warnt mich vor Imitaten aus China. Auf den Instrumenten stehe zwar *Designed in Australia* oder *Original Australian*, doch nur das Label *Made in Australia* garantiere einem Instrumente, die tatsächlich in Australien gebaut wurden. Die Zeiten, in denen Chinesen bedenkenlos Fotos in Didgeridoo-Shops machen konnten, sind endgültig vorbei. Und Andrew hat recht: In Darwin habe ich tatsächlich auf einem Instrument die Werbung *Original Australian Didgeridoo* gesehen. Auf der Rückseite gab es dann noch einen winzigen Aufkleber – *Made in Taiwan.*

Hilft gegen Schnarchen

Andrew versuchte als Erstes, mein *circular breathing*, das Zirkularatmen, zu verbessern. Diese Technik, bei der man einen kontinuierlichen Ton erzeugt, wird schon seit geraumer Zeit auch wissenschaftlich untersucht. In einer Langzeitstudie konnten Forscher aus England nachweisen, dass es sehr effektiv gegen Schnarchen eingesetzt werden kann. Durch ausdauerndes Didgeridoo-Spiel wird das schwache Gewebe im Rachenraum gestrafft und gestärkt.

»Stimmt. Kein esoterischer Quatsch«, sagt Andrew. »Das weiß hier jeder. Da flattert dann nichts mehr im Rachen herum. Du wirst keinen einzigen Didgeridoo-Spieler finden, der schnarcht. Falls er ernsthaft und gewissenhaft übt.« Auch europäische Klangforscher und Musiker wie meine beiden Lehrer Marc Iwaszkiewicz und Wolfgang Rogg haben mir diesen erstaunlichen therapeutischen Nutzen des Didgeridoos bestätigt.

Ich streiche mit dem Zeigefinger über das Bienenwachs auf dem Mundstück und mache die Hust- und Räusperübungen, die mir Andrew beigebracht hat – um den Hals zu fegen und die Sorgen rauszulassen, wie er sagt.

Mein erstes Didge war ein einfaches gerades Bambusrohr. Ich war mächtig stolz darauf, diesem Holz überhaupt ein paar klingende Töne abzuquetschen. Aber man quetscht eben nicht, man lässt locker.

Zirkular wie die Zeit ist der Atem, den man zum Didgeridoo-Spielen braucht. Und ähnlich dem Obertonbrummen der tibetanisch-sibirischen Tuva weiß man nach einer Weile nicht mehr, wo dieser Ton eigentlich herkommt, wo er entsteht.

Ich schließe die Augen und lasse den Atem strömen. Ich sehe die leicht kräuselnde Oberfläche eines schieferfarbenen Sees. Ein See aus Tönen. Cliff, der taubstumme Tänzer, mischt sich in meine inneren Bilder.

Wird das Didgeridoo ruhig gespielt, lockert der auf- und abschwingende Sound merklich die Muskelspannung. Richtig angewandte Zirkularatmung beim Didgeridoo ist auch bei Zuhörern die perfekte Entspannungshilfe. Bei unsachgemäßer Anwendung allerdings kann die Zirkularatmung die unangenehmsten Hörerlebnisse hervorrufen, die man sich überhaupt nur vorstellen kann.

Von wegen kuschliger Teddy

In diesem Zusammenhang sei ein Wesen erwähnt, das eigentlich alle *kaolafications* (wie man in Australien zu sagen pflegt) hätte, um einen perfekten Teddybären abzugeben. Puschelohren, Knollennase und Knopfaugen. Es gibt kaum etwas Putzigeres als einen zwischen Astgabeln schlafenden Koalaplüschball. Doch Koalas sind nun einmal keine Bären, sondern Beuteltiere, deren Babytragetuch dezent hinten auf dem Rücken versteckt ist, und ob sie wirklich so putzig sind, sei dahingestellt.

Der Name *Koala* geht auf ein Wort der Aborigines zurück und bedeutet so viel wie *nicht trinken*. Tatsächlich trinkt der Koala in freier Wildbahn kein Wasser und bezieht seine Flüssigkeit ausschließlich aus Eukalyptusblättern. In extremer Hitze und bei dadurch bedingtem Stress macht er aber eine Ausnahme. So 2009, als ein verzweifelter und völlig dehydrierter Koala bei Buschbränden überglücklich aus der Wasserflasche eines Feuerwehrmanns trank.

Warum der Koala keinen Schwanz hat, erklärt eine alte *Dreaming*-Geschichte der Aborigines. Als ein großes Buschfeuer ausbrach, konnten alle Tiere rechtzeitig fliehen, nur der behäbige Koala war zu langsam. Als er sich endlich in einen Baum gerettet hatte, war sein Schwanz längst dem Feuer zum Opfer gefallen.

So weit die Sage. Doch wer einmal gesehen hat, in welchem Affentempo Koalamännchen über die Straße düsen können, wenn sie auf der anderen Seite ein Weibchen gesehen haben, ahnt, dass der Slow-Motion-Modus und das süße Teddyoutfit auch eine geschickte Tarnung sein könnten.

Und dass ausgerechnet der niedliche Koala eine der größten Nervensägen Australiens sein kann, hätte ich niemals geglaubt. Tagsüber schlafen die nachtaktiven Tiere meist und wirken wie auf Beruhigungspillen. Doch wer bis zu achtzehn Stunden schläft und seine Zeit mit nichts anderem verbringt, als Eukalyptusblätter zu kauen, der kann natürlich nicht ausgelastet sein. Schließlich muss man sich ja auch noch vermehren, und genau dies ist die Zeit, in der sich der possierliche Puschel in einen Rüpel verwandelt.

In den wenigen Stunden, in denen der Koala wach ist, dummerweise eben ausgerechnet nachts, kann er ganz absonderliche Laute ausstoßen, die von australischen Tierpflegern als eine Mischung zwischen Eselsschrei und Schweinegrunzen beschrieben werden. Die Biologen sprechen in diesem Zusammenhang von Grölen. Ein Verb, das nur völlig unzureichend zum Ausdruck bringt, was da die ruhigen, lauen australischen Sommernächte zerreißt.

Bei den Nervensägenmassakern für die Ohren kann man deutlich zwischen einer ausatmenden und einer einatmenden Variante unterscheiden. Bereits das Einatmen erinnert an ein wütendes Schwein, das auf einen kaputten Blasebalg getreten ist. Das Ausatmen übertrifft diesen Klang noch bei Weitem. Man stelle sich einen aggressiven Braunbären vor, der durch das Geräusch einer verrosteten Kettensäge beim Winterschlaf gestört wird. Bereits die allerkleinsten Koalas versuchen sich in dieser Horrorakustik, haben aber noch nicht das dazu passende Lungenvolumen. Ihre mickrigen Künste ähneln eher einem Asthmatiker, der zu ersticken droht.

Der Sinn dieses ganzen Lärms ist die Überbrückung großer Distanzen. Das Koalamännchen versucht einfach, die Weibchen zu beeindrucken und anzulocken. Auch solche, die ein paar Eukalyptusbäume weiter wohnen.

Biologen standen lange vor dem Rätsel, wie ein so kleiner Schnarchsack derart laute Töne produzieren kann. Fraglich war auch, was Koalaweibchen an diesem schrägen Grunzgrölen sexuell so beeindruckt. Doch verblüffenderweise kann das Weibchen aus der Frequenz der Schreckenslaute genau die Größe und die Kraft eines Männchens heraushören. Unter Koalas schindet nämlich derjenige den meisten Eindruck, der die größte Lungenkapazität und die schrägsten Stimmbänder aufbietet. Die Männchen legen ihre gesamte Kraft in dieses Werben, und die dabei angewendete hochkomplexe Atemtechnik wurde inzwischen wissenschaftlich erforscht – und *circular breathing* genannt.

Zirkularatmung? Ausgerechnet die Atemtechnik, die beim Didgeridoo-Spiel dabei hilft, das Schnarchen abzustellen und Entspannung herbeizuführen, kommt den Koalas also ganz gelegen, um ahnungslosen Touristen auf den Campingplätzen Australiens schlaflose Nächte zu bereiten.

Porn, Pot & Politics

» Canberra is really stuffed full of fat cats, superduperan-nuants, pollies, pointy heads, pornographers, ackers and journos. «

Garrie Hutchinson, True Blue: The A to Z of Australian Icons (2002)

Die Sonne steht wie eine polierte Goldmünze am tiefblauen Himmel und versucht verzweifelt, einen Schimmer zartes Zitronengelb auf die Oberfläche des Burley-Griffin-Sees zu legen. Im Wasser spiegeln sich das Blau des Himmels und einige lange Schleierwolken, die so tun, als wären sie schwebende weiße Seidentücher. Mütter spielen völlig versunken mit ihren Kindern am Ufer. Wie am Genfer See schießt eine hohe, vom Wind verwehte Fontäne aus dem Wasser. Straßenlärm ist an dieser Stelle der Stadt kaum zu hören. Wenn man nicht wüsste, dass Canberra die Hauptstadt eines großen Landes ist, könnte man *Can-bra*, wie die Australier sagen, auch für einen riesigen Park halten. Während der Dämmerung versammeln sich Hunderte von Kängurus in den Vororten des Westens. Über dem Parlamentsgebäude flattert die größte aller australischen Flaggen. So groß wie ein Doppeldeckerbus, wie man hier zu sagen pflegt.

Canberra – ein riesiges Gebilde, das seine Häuser auf über neunhundert Quadratkilometern verteilt hat, als wären sie mit dem Würfelbecher daraufgeworfen worden. Ich schlendere durch eine idyllische, in die Natur eingebettete Stadt ohne jedes Platzproblem – aber es nützt ja alles nichts. Canberra hat trotzdem einen unglaublich schlechten Ruf. Den schlechtesten Ruf aller australischen Städte.

Ungeliebte Hauptstadt

Komplett auf dem Reißbrett entworfen, wird Canberra im Volksmund nur verächtlich *city of the roundabouts* genannt, die Stadt des ewigen Kreisverkehrs. Alles hier ist artifiziell, selbst der anfangs erwähnte See ist künstlich. Geplant wurde die Stadt vor über hundert Jahren, als sich Sydney und Melbourne heillos in den Haaren lagen und um die Vorherrschaft auf dem Kontinent stritten. Man entschloss sich, die Hauptstadt nicht am Meer, sondern in einer im Winter recht frostigen Gegend zu errichten, auf ödem Farmland und genau auf halber Strecke zwischen den verfeindeten Metropolen. Mit den Arbeiten begonnen wurde im Jahr 1913.

Eine von oben verordnete Stadt liebt man in Australien nicht, auch wenn die Bevölkerung sich seinerzeit in einem landesweit ausgeschriebenen Wettbewerb an der Namensgebung beteiligen durfte. Die eingereichten, teils völlig absurden Vorschläge ließen damals schon nichts Gutes erahnen. Wahrscheinlich hatte man sich die putzigen Stadtnamen bei ein paar Gläsern Bier im Pub ausgedacht, um sich über die zukünftige Hauptstadt lustig zu machen. Denn zu den 764 Vorschlägen zählten so groteske Namen wie Eros, Wheat-

woolgold (Weizenwollegold), Opossum, Koalatown, Kanga-
remu (eine schrullige Mischung aus Känguru und Emu),
Thirstyville (die durstige Stadt) und Sydmeladperbrisho (offensichtlich eine Mischung aus den Anfangssilben aller größeren australischen Städte).

Am Ende lag der Name Austral City mit sechs Stimmen
vorn, aber irgendwie errang dann doch der Zweitplatzierte –
Canberra – den Sieg, was letztlich aber auch nicht zu einem
besseren Ansehen der Stadt beitragen konnte. Heute ist das
Canberra bashing längst zu einer Gewohnheit, ja man könnte
sagen, zu einem Sport all der Australier geworden, die nicht
in dieser Stadt leben. Canberra sei die kälteste Stadt Australiens, heißt es, außerdem sei dort kaum mehr los als in einer
Geisterstadt. Die gebildete Oberschicht der Hauptstadt arbeitet hauptsächlich in den Bereichen öffentliche Verwaltung,
Regierung und Verteidigung. In der Regel hat die meist
männliche Bevölkerung einen Arbeitsvertrag von zwei bis
fünf Jahren, wobei viele der alleinstehenden Männer sogenannte *FIFOs* sind, die ihre freien Tage vorzugsweise – *fly in,
fly out* – in Sydney verbringen oder im Winter raus auf die
nahen Skipisten der Snowy Mountains fahren. An den Wo-
chenenden wirkt Canberra entsprechend verlassen – eine
Geisterstadt eben, eine Geisterstadt mit Kreisverkehr.

Die Zeltbotschaft und die Pornolobby

Auf der Suche nach den schönen Dingen der Stadt stieß ich
auf das National Film & Sound Archiv und das Geoscience-
Institut. Auch das Old Parliament House – heute ein Museum – ist äußerst sehenswert. Im angrenzenden Park findet
man die einzige diplomatische Vertretung der Welt, die in einem Zelt untergebracht ist: die Anfang der 1970er-Jahre unter
großen Tumulten und ernsthaften Gefechten errichtete und
immer wieder entfernte *tent embassy* der Aborigines-Aktivisten.

Der Zeltbau im öffentlichen Raum wurde mehrmals durch eigens erlassene Gesetze des Parlaments verboten, doch mittlerweile erkennt die australische Regierung die Aborigines-Botschaft an und hat sich sogar erbarmt, die Aborigines in den Zelten mit Strom zu versorgen, aus rein gesundheitlichen Gründen, wie es heißt, damit diese eine Klimaanlage betreiben können.

Heute ist die Zeltbotschaft für die Aborigines-Aktivisten einer der wichtigsten Orte, um die heiß diskutierten Landrechtsfragen auch in der Öffentlichkeit darzustellen und um am Australia Day, dem 26. Januar, ein *Corroboree* abzuhalten, ein traditionelles Treffen aller Aborigines-Führer. Ein nationaler Feiertag, der von den Aborigines *Invasion Day* oder *Survival Day* genannt wird.

Die vom Hauptstadtparlament verabschiedeten Gesetze zählen zu den liberalsten der Welt, vor allem was ihr eigenes Territorium betrifft. Es gibt in dieser Hinsicht eine lange australische Tradition. Als den Frauen in Neuseeland (mit Ausnahme der weiblichen Māori!) 1893 das Wahlrecht zugesprochen wurde, durften die australischen Frauen im Bundesstaat Victoria noch im selben Jahr ebenfalls an die Wahlurnen gehen, und natürlich machten sie davon regen Gebrauch. Zwar machte man zwei Jahre später alles wieder rückgängig, dennoch bleibt Australien nach Neuseeland das zweite Land, in dem das Frauenwahlrecht eingeführt wurde. Von 1894 (South Australia) bis 1908 (Victoria) erkämpften alle australischen Frauen (außer den weiblichen Aborigines!) sich ihr Recht auf eine Stimme. Auch wenn es dann noch vierzig Jahre dauern sollte, bis die erste Frau ins australische Parlament einzog.

Die liberalen Gesetze des Parlaments auf dem Capital Hill in Canberra sind legendär. Ein zum 22. Oktober 2013 verabschiedetes Gesetz zur Legalisierung schwuler Ehen wurde zwar kurz darauf vom High Court, dem Obersten Gerichtshof, wieder gekippt, aber man hatte es immerhin versucht.

Wesentlich erfolgreicher waren die Politiker der Hauptstadt mit der Legalisierung vermeintlich wichtiger Freizeitgestaltungen.

Prostitution ist auf dem Gebiet der Hauptstadt legal. Auch Marihuana ist in Canberra entkriminalisiert. Jeder Einwohner der Hauptstadt darf genau eine Cannabispflanze in seinem Hinterhof ziehen, diese aber nicht verkaufen oder in größeren Mengen anbauen. Aber eine Unze Haschisch ist erlaubt. Das Stadtbild Canberras wirkt klinisch rein, man wird im Zentrum weder Sexshops noch Joint rauchende Menschen treffen. Doch in den Stadtbezirken Hume und Fyshwick im Süden sowie in Mitchell im Norden findet man – pro Kopf – die meisten Bordelle und die meisten Sexshops Australiens.

Sonnenschutz und Schattenseiten

Lange, hoch über dem Boden schwebende Holzstege führen in Darwin zum Wasser hinunter. Das Besondere: Sie sind durchgängig überdacht. In der *wet season* bietet sich so ein guter Schutz gegen den Regen, aber natürlich dient die Überdachung vor allem als Sonnenschutz. Auch um das Parlament herum, dem die Bevölkerung den hübschen Namen *wedding cake* gegeben hat, weil es wie eine Hochzeitstorte aussieht, wurde ein Sonnenschutz angebracht. Und in den Einkaufsstraßen der City sind futuristisch anmutende Segel, überstehende Zierdächer und schattenspendende Installationen zu sehen. Wer in Australiens Innenstädten sonnengeschützt shoppen möchte, kann dies immer häufiger unter südeuropäisch anmutenden Arkadengängen tun.

Die Werbe- und Touristikbranche Australiens kann auf die Sonne als Symbol nicht verzichten. Doch die Auswirkungen der UV-Strahlung werden in kaum einem anderen Land so sehr thematisiert wie in *Down Under*. New South Wales war der erste Staat, der kommerzielle Solarien verboten hat. Mittlerweile bekommen Bräunungscenter fast überall im Land eine Ausfallentschädigung, aber die Nutzung von Sonnenbänken ist inzwischen entweder verboten oder zumindest strengstens reglementiert.

Sonnencreme bei Autofahrten

Australien als glühende Herdplatte: Beim Überflug sieht man ausgedörrte Landschaften, flammendes Rot, verbranntes Gras. Kein vernünftiger Mensch würde sich heutzutage ohne Sonnenschutz in die brütende Sonne legen. Die Sonne in Australien sticht nicht, sie schlägt erbarmungslos zu. Dem *sunstroke* fallen vor allem leichtsinnige Menschen zum Opfer, die sich ohne Hut, Sonnenschutz und Wasser zu lange in der Hitze aufhalten.

Selbst Australier unterschätzen die Sonneneinstrahlung, auch wenn sie es eigentlich besser wissen müssten. Es gibt Geschichten von gierigen Goldgräbern, die so lange nach einem Nugget gegraben haben, bis sie der Hitzschlag traf. Und Geschichten von Mädchen aus australischen Städten, die sich zum Sonnenbaden im Bikini in eine Strandliege in die Wüste legten. Wer so einschläft, kann Verbrennungen zweiten Grades davontragen und seinen guten Teint erst einmal eine Weile vergessen.

Hautalterung ist ein wichtiges Thema in einem Land, in dem jugendliches Aussehen eine große Rolle spielt. Auf einer Fahrt in den Kakadu-Nationalpark lerne ich die Hautforscherin Adele Green und eine Gruppe von Wissenschaftlerinnen kennen, die nach einem dermatologischen Kongress in Cairns hier Urlaub machen. Adele, die am Berghofer-Institut in Brisbane forscht, sagte mir, Australien sei in der Erforschung der Hautalterung und des Hautschutzes weltweit führend. Wo sonst hätte man eine derartige Anzahl an Probanden, die sich in teils absurder Intensität der Sonne aussetzen würden. Täglich würde, so Adele, bei 300 Australiern Hautkrebs diagnostiziert − was weltweit die höchste Rate darstellt.

Wissenschaftler haben ältere australische Lastwagenfahrer untersucht, die lebenslang sehr weite Strecken zurückgelegt haben, wobei die Sonne gnadenlos auf ihre Windschutzscheibe brannte. Da die Fahrerseite in Australien auf der rechten Seite zu finden ist, war auch die rechte Gesichtshälfte der Fahrer vermehrt der Sonne ausgesetzt und deutlich früher gealtert. Im Extremfall sah sie um bis zu zwanzig Jahre älter aus. Nur sehr wenige Fahrer, so Adele, hätten sich mit Sonnencreme geschützt. Die meisten seien davon ausgegangen, eine hochgekurbelte Scheibe sei schon Schutz genug – ein in Australien nicht nur unter LKW-Fahrern weitverbreiteter Irrtum. Die aggressive UV-B-Strahlung wird zwar tatsächlich von der Seitenscheibe gefiltert, doch UV-A-Strahlen, die kollagene Strukturen zerstören und die Haut frühzeitig altern lassen, können die Scheibe ungehindert passieren.

Einige Resultate australischer Hautstudien dürften der Kosmetikindustrie übrigens gar nicht gut gefallen. So haben Adele Greens Forscher in Queensland herausgefunden: Sonnencreme bietet einen wesentlich besseren Schutz gegen Falten und Hautalterung als die teuersten Hautpflegeprodukte.

Slip, slop, slap, seek, slide (... and sip)

Noch in den Siebzigerjahren war es in australischen Schulen üblich, sich vor dem Unterricht im Schulhof zum Appell zu versammeln. Die Zeiten, in denen Schüler während überlanger Vorträge in gleißender Sonne im Schulhof umkippten, abtransportiert wurden und später die Hänseleien der Mitschüler ertragen mussten, sind allerdings längst vorbei. Schüler in Australien kennen das Fach Sonnenschutz von klein auf. Bereits im Kindergarten lernen sie, wie man einen Sonnenbrand verhindert: Indem man die Sonnencreme zwanzig Minuten vor dem Sonnenbaden aufträgt und auch die exponierten Stellen nicht vergisst – also immer auch die Ohren, die Schultern, den Nacken und die Fußrücken einreibt. Und sie lernen, dass selbst eine Wolkendecke oder ein Blätterdach nicht in allen Fällen genügend Schutz bietet.

In einer landesweiten Kampagne, die nicht nur Kinder, sondern auch erwachsene Sonnenanbeter ansprechen soll, wurden die einfachsten Grundregeln des Sonnenschutzes bereits in den 1980er-Jahren durch eine singende Seemöwe vermittelt. *Sid the seagull* und ihr eingängiger Slogan sind zwar heute etwas aus der Mode, aber immer noch kennen viele Australier die Bedeutung von *slip, slop, slap* im Schlaf. Ein Shirt überziehen (*slip*), die Sonnenschutzcreme auftragen (*slop*) und eine Kopfbedeckung aufsetzen (*slap*) – fertig. Dachte man. Später wurde die Kampagne um zwei weitere Punkte ergänzt, sodass die volle Ohrwurmversion nun auch das Schattensuchen (*seek shade or shelter*) und das Aufsetzen der Sonnenbrille (*slide on some sunnies*) beinhaltet.

Ein Bekannter aus Sydney ist übrigens der Ansicht, der derzeitige Slogan müsse unbedingt noch erweitert werden. Seine aktuelle Fassung lautet:

Slip, slop, slap, seek, slide ... and sip

Denn was nützt all der gut gemeinte Sonnenschutz, wenn man vergisst, etwas zu trinken? *Sip* steht hier für *ein kleines Schlückchen nehmen*. Auch wenn Toni vermutlich an eine berauschende Flüssigkeit gedacht hat, sollte man in der Tat die Gefahr der Dehydration, insbesondere bei Kindern, nicht unterschätzen und die Mitnahme von Wasser nie vergessen.

Buschfeuer

Cairns. Queensland. Januar 2014. Flughunde hängen kopfüber in einer Baumkrone. Auch der Baum auf der anderen Straßenseite ist voll bestückt. In der Sonne sehen die in den

Ästen hängenden Tiere aus wie glitzernde, schwarzlederne Regenschirme. Doch seit Wochen ist keine einzige Wolke am Himmel zu sehen. Seit sieben Tagen ist es über fünfundvierzig Grad heiß. Die Hitze hat kein Erbarmen. Steigt plötzlich auf über fünfzig Grad an.

Tags darauf sehe ich, wie die Fliegenden Hunde aus den Baumkronen tot zu Boden fallen. Sieht aus wie ein Regen aus Raben. *Flying Foxes* kollabieren bei länger anhaltender Hitze. Die Tierwelt kann mit den extremen Klimaveränderungen der letzten Jahre nicht Schritt halten. Im Baum hängen nur noch wenige Tiere. Ein stechender Geruch liegt in der Luft. Wer schon einmal unter einem von Flughunden besetzten Baum durchgegangen ist, weiß, wie stechend deren Kot riechen kann. Und wie laut das Gekreische sonst ist, das jetzt nur noch kläglich und jämmerlich klingt.

Die Behörden sprechen Warnungen aus, man solle die Tiere auf keinen Fall anfassen. Wer gebissen oder gekratzt würde, könnte sich am potenziell tödlichen *Australian Bat Lyssavirus* infizieren. Danke für die Warnung.

Im Fernsehen sehe ich Bäume, die wie riesige Streichhölzer in Flammen stehen. Die jährlichen Buschfeuer werden angesichts der Klimaveränderung zu einer immer größeren Herausforderung. Das Wort »Hitzeschlacht« gibt bestens wieder, was die Feuerwehrmänner in ihrem oft aussichtslosen Kampf gegen die Flammenwalzen leisten. Am Bildschirm sieht es aus, als würden die Männer an einem Hochofen stehen. Sie kämpfen in feuerfester Montur inmitten lodernder Flammen.

Die schlimmsten Großfeuer Australiens sind nach Wochentagen benannt. Sie heißen *Ash Wednesday* (1983), *Black Thursday* (1851), *Black Friday* (1897 und 1939) oder *Black Sunday* (1955). Rund um den Black Saturday im Februar 2009 brannten über vierhundert Buschfeuer in Victoria. 173 Menschen kamen in den Flammen ums Leben. Niemals zuvor hat ein Buschfeuer in Australien mehr Menschenleben gekostet.

Während der heißen Sommermonate, in denen die Brandgefahr am größten ist, sind die Menschen in ständiger Alarmbereitschaft. Im Fernsehen laufen permanent Info-Bänder am unteren Bildrand entlang. Auf diesen Nachrichtenfließbändern sind dann die grausamen Fakten zu lesen, von Feuern, von Opfern, von brennenden Häusern. In den Supermärkten gehen oftmals Wasser oder Batterien aus, weil sich die Menschen panisch mit dem Nötigsten eindecken.

Wer mit dem Auto unterwegs ist, liest das aktuelle Feuerrisiko an großen Warntafeln ab, die in der Wildnis am Straßenrand und an den Ortseingängen stehen. *Fire danger today* heißt es dort. Ein großer Zeiger über fünf farbigen Feldern. Wenn keine Gefahr besteht, zeigt die Tafel *low* an. Die Steigerungen heißen dann entsprechend *moderate, high, very high* und *extreme*. Wenn diese rote *extreme*-Zone angezeigt ist, wird ein zusätzliches Schild angebracht: TOTAL FIRE BAN – NO FIRES. Jede Art von privatem Feuer ist dann verboten. Weil jeder in Australien die Notrufnummer 000 ohnehin kennt, wird sie auf den großen Warnschildern oft einfach vergessen.

Eine der Möglichkeiten, sich im Fall eines Feuers zu schützen, ist ein *bushfire bunker*. Doch Australier investieren nur sehr zögerlich in unterirdische Schutzbunker. Man lebt im Hier und Jetzt und verdrängt nur allzu gern, wie real die Gefahr ist.

Der Witwenmacher

Ich bin auf der Great Ocean Road unterwegs. Lange vor dem Sonnenuntergang haben die Wolken sich bereits etwas Rouge aufgelegt, als wollten sie sich für ein abendliches Fest fein machen. Schnell ziehen sich das Meer, der Himmel und die Kalksteinfelsen der Twelve Apostle noch einen orangegelben Schleier über. Der schöne Felsbogen des *Island Archway* ist im

Juni 2009 eingestürzt. Zwei einsame Felsen ragen nun aus dem Meer.

In der Ferne schimmern die blauen Wälder, die nicht umsonst Blue Mountains heißen. Ihre Eukalyptusbäume dünsten tagsüber ein leicht entflammbares Öl aus. Ein feiner Nebel, der das Sonnenlicht bricht und sich blau einfärbt. Eine seltsame Strategie, sich so verwundbar zu machen. Doch über Jahrtausende hinweg haben sich die Pflanzen mit dem Feuer arrangiert. Manche von ihnen scheinen Buschfeuer sogar herbeizusehnen, weil sie das Feuer brauchen.

Eukalyptusbäume sind Überlebenskünstler par excellence. Einige Arten lassen nach einem Feuer ihre verkohlte Borke einfach abblättern und schälen sich aus ihrer Rinde. Andere verpacken ihre Samen in eine dicke, knollige Hülle, die feuergeschützt am Stamm unter der Erde auf die Flammen wartet. Manche Samen sind auf die gleiche Art direkt unter der Rinde verborgen. Und dann gibt es die Fallschirmspringersamen, die hoch oben im Blätterdach schlafen und im Fall eines Feuers von den lodernden Flammen emporgetragen werden und weit entfernt vom Stamm landen. Die Aristida-Pflanze hat feine Grannen, die wie Rotorblätter funktionieren. Kommt nach der Landung etwas Feuchtigkeit an diese hauchfeine Struktur, dreht sie die harten Samen quasi in den Boden. Eine Pflanze, die sich selber einpflanzt!

Das Geheimnis all dieser Strategien ist einfach. Die nicht feuererprobte Konkurrenz bleibt auf der Strecke. Nachdem das Feuer durch den Wald gerast ist, schießen die Sprösslinge regelrecht aus dem Boden und aus den verkohlten Stämmen. Der australische Kreislauf von Leben und Tod beginnt erneut.

Trotz all seiner Robustheit, seiner Überlebenskünste und seiner Bekanntheit (wer an Koalas denkt, hat unweigerlich einen Eukalyptusbaum vor Augen!) hat es dieser Baum erstaunlicherweise nicht zur offiziellen Nationalpflanze gebracht. Zwar hat es einige Zeit gedauert, bevor man sich diesbezüglich auf die Gold-Akazie einigte, in der sich Australiens Nationalfarben Grün und Gold eindrücklich wiederfinden, doch der Eukalytusbaum wurde dafür nie ernsthaft in Betracht gezogen. Und der Grund dafür? Er liegt in einer seiner unberechenbaren Eigenschaften. Denn für unerfahrene Outback-Freunde können die Eukalyptusbäume sehr wohl gefährlich werden. In starken Trockenperioden konzentriert sich der Baum ganz auf den Stamm. Hier wird das Wasser benötigt. Äste, und seien sie auch noch so mächtig, lässt der Eukalyptus einfach absterben. Seinen Swag, die australische Variante eines Schlafsacks mit integrierter Matratze, sollte man also besser nicht unter einem dicken Ast ausrollen. Denn nicht umsonst heißen die Eukalyptusbäume des Outback bei den Australiern auch »Witwenmacher«.

Wüste und Outback

»Das Outback, ein Ort, wo nur die Starken, die Schnellen und diejenigen überleben können, die todbringend sind.«

Aus dem Film: Walkabout (1971)

Glas aus rotem Wüstensand

Australische Freunde fragen mich oft, warum ich die Wüste und das Outback so sehr mag. Drei Viertel Australiens zählen zu dieser Fläche – gemeint sind alle Orte fernab jeder Zivilisation. Wüste und Outback bieten eine gute Gelegenheit, einmal zur Ruhe zu kommen, tief durchzuatmen und abends am Lagerfeuer den südlichen Sternenhimmel zu betrachten. Wir leben in hektischen, ereignisreichen Zeiten. Abzuschalten, Demut zu üben kann in einem so atemberaubend aufregenden Land wie Australien sehr nützlich sein.

Ich stehe am Rand der Tanamiwüste. Tanami bedeutet in der Sprache der dortigen Aborigines *Niemals sterben*. Felshöhlen mit Trinkwasser sind gemeint, die es hier gibt und die Menschen dieser Gegend am Leben erhalten. Ich betrachte die hauchdünne Borkenhaut des Papierrindenbaums, die sich wie feines Pergament vom Stamm rollt. Drüben an den Sanddünen ist der Wind der Architekt der Wüste, legt den Wüstenboden in tausend Falten und runzlige Sandwellen. Der Wind ist, unterstützt durch das Wasser, der Urheber aller Landschaften hier. Mein abendliches Zuhause wird morgen ein Sandmeer mit rot aufgepeitschten Schaumkronen sein, mit dem Wind als launischem Gast. Manchmal braust er zornig auf und verdeckt den Horizont mit einer Sandmauer.

Ich stehe auf einem windstillen Berg und verfolge unten in der Ebene eine riesige Wolke aus rotem Staub, die wie von Sinnen durch die Wüste fegt. Kein Sandsturm, kein Windhauch ist zu spüren. Doch die rote Wolke nimmt Fahrt auf, folgt ihrer schnurgeraden Bestimmung. Ihre Ursache ist ein silbern glänzender Road Train, der auf einem Asphaltband dahingleitet und die rote Wolke hinter sich her durch die Wüste zieht. Plötzlich muss der Sattelschlepper an einer Kreuzung abbremsen und wird nun von der riesigen Staubwolke überholt, ganz und gar von der Wolke verschluckt. Der rote Staub zieht einfach weiter und ignoriert seinen Schöpfer.

Ich muss an die riesigen Kräfte denken, die diese gigantischen Lkws auf die Straße bringen. Es sind wahre Steine, die einem entgegenfliegen, kein Rollsplitt, wenn solch ein Road Train an einem vorbeirauscht. Also besser immer an den Straßenrand fahren. Abstand halten.

Die Tanamiwüste. Morgens ockerrot, mittags goldrot, abends braunrot. Die Sonnenstrahlen haben sich im Laufe der letzten Jahrmillionen tief ins Gedächtnis des Sandes gegraben. Die Sandkörner der Wüste, so sagen mir die Aborigines, können sich an alles erinnern. Sogar an Gewitter. Denn entlang der Einschlagbahn eines Blitzes verwandelt sich der Sand in reines rotes Glas.

Hochwasser und die Kuh im Baum

Doch nicht nur Blitz und Donner hinterlassen ihre Spuren. Wer glaubt, die australische Wüste und das Outback seien beständige, ruhige und beschauliche Orte, die allenfalls von Dürre bedroht sind, irrt sich gewaltig. Zur Regenzeit sind es vor allem gigantische Wassermassen, die australische Straßen innerhalb einer einzigen Stunde überfluten können. Wer mit dem Wagen zur Regenzeit in Outback-Regionen wie den Kimberleys unterwegs ist, wird einen guten Radioempfang und dessen aktuelle Wetterberichte zu schätzen wissen.

Mit Kartografen könnte man in Australien Mitleid haben. Die Landschaften, die Seen, die Wasserlöcher und die unbefestigten Straßen, die durch die Wildnis führen, befinden sich, je nach Jahreszeit, in stetiger Veränderung. Wo eben noch eine staubtrockene Piste vor einem lag, kann sich durch einen tropischen Regenguss − und ich meine einen wasserfallartigen Regenguss − alles um einen herum jederzeit in einen reißenden Strom verwandeln.

Immer wieder machen sich Neuankömmlinge in Australien über jene gestreiften Stangen lustig, die manchmal mitten im trockenen Outback links und rechts einer Straße zu sehen sind. Es handelt sich dabei um Höhenanzeiger, um Wasserstandsanzeiger, und niemand, der Australien nicht wirklich kennt, kann sich an heißen Tagen vorstellen, wie schnell das Wasser mitten im Outback an diesen Stangen zwei Meter hoch ansteigen kann. Aber es kann! Von wegen Wüstenstaat Australien. In regenreichen Zeiten fahren hier im staubigen Outback gelbe Rettungsschlauchboote über die Seenplatten.

Ich bin mit dem Jeep einem ausgetrockneten Flussbett gefolgt und immer wieder ausgestiegen, weil mich die Massen an Treibholz faszinierten. Die krustige Erde konnte all die Wassermassen, die Sturzbäche, die in Minuten hier vom Himmel niedergingen, gar nicht aufnehmen. Mitten im Nirgendwo türmen sich nun haushoch entwurzelte Bäume, in deren Ästen sich zur Regenzeit alle möglichen Dinge verfangen haben.

Ich schaue fasziniert auf die Hinterlassenschaften einer unfassbaren Katastrophe, die nur wenige Wochen vorher hier über das trockene Land geflutet ist. Es gibt in Australien eine verrückte Bewegung und Kunstrichtung, die sich dem Thema Überflutung widmet.

Früher habe ich nicht verstanden, wieso viele Backpacker, vor allem aber auch Australier Schuhe, Büstenhalter, Unterwäsche, ja sogar ihre Zahnprothese an die Bäume im Outback hängen. Zum Trocknen im heißen Wüstenwind sicherlich nicht.

An so einen »Wäschebaum« am Straßenrand im Northern Territory hatte ein Witzbold sogar ein kleines Schild angebracht. Darauf stand: *Eucalyptus subucularis.* Ein Eukalypt aus der Familie der Unterwäschebäume.

Erst durch die Gespräche mit dem Künstler John Kelly aus Melbourne habe ich den tieferen Sinn des Baumverzierens verstanden. »Die Menschen«, sagt Kelly, »feiern das Leben. Früher haben Minenarbeiter ihre zusammengebundenen Schuhe in die Bäume geworfen, wenn sie in Rente gingen. Heute hängen Australier und Touristen ihre Kleidung an die Gum Trees, um zu zeigen, hallo, ich lebe noch. Katastrophen können uns nichts anhaben.«

Direkt am Wasser des Victoria Harbour in Melbourne ist das Kunstwerk *Cow up a Tree* von John Kelly zu sehen. Ein einsamer Baum, in dessen Krone sich eine schwarz-weiße Kuh verirrt hat. Die künstlerische Umsetzung einer wahren Geschichte, die nach einer Überschwemmung im Outback passiert ist.

Glücklicherweise handelte es sich bei der Kuh, die sich damals in der Baumkrone verfing, nur um einen Werbeaufsteller, eine Kuh aus Pappmaschee. Aber es gibt auch schlimmere Geschichten.

Leichhardt ohne Wüstenschiff

Ludwig Leichhardt, der Sohn eines Torfstechers aus Branden-
burg, studierte erst monatelang das Verhalten der Aborigines
und machte sich dann 1844 auf den Weg durch ein nahezu
wasserloses Land. Über viertausend Kilometer legte der Forschungsreisende mit 17 Pferden sowie 16 Mast- und Zugoch-
sen durch trockene Steppen und Wüsten zurück, hinauf an
die Küste des Nordens. Ein Mann voller Rätsel, der sich bei
seinen Landesdurchquerungen in erster Linie auf die Pferde
und Ochsen verlassen musste. Dabei sind diese Tiere für die
Temperaturen des Outback einfach nicht gemacht. Der junge
deutsche Forscher, dem man in Australien anfangs nur Hin-
dernisse in den Weg gelegt hatte und der heute als der Hum-
boldt Australiens gefeiert wird, blieb auf seiner dritten Expe-
dition, die 1848 begann, verschollen. Ein Schicksal, das ihm
mit einer Kamelkarawane sicherlich nicht widerfahren wäre.

Aber als Ludwig Leichhardt das Innere des heißen Landes
erkundete, gab es gerade einmal vier Kamele in Australien.
Die ersten Tiere wurden von den Kanarischen Inseln auf den
Fünften Kontinent verschifft, heute leben im wüstenhaften
Outback Australiens die meisten wilden Dromedare der Welt.
Die Schätzungen schwanken zwischen 800 000 und einer
Million Tiere. Niemand weiß das so genau.

All diese tierischen Wüstennomaden sind Nachfahren jener
Kamele und Dromedare, die man Mitte des 19. Jahrhunderts
als Lasttiere für den Eisenbahnbau oder als Fortbewegungs-
mittel aus Indien und Afghanistan einführte. Als dann die
Motorisierung einsetzte und der berühmte Ghan, der Zug,
der Australien heute in Süd-Nord-Richtung durchquert, seinen Dienst aufnahm, ließ man die Lastkamele einfach frei und
überließ sie ihrem Schicksal.

Mittlerweile werden die Tiere zu ernsthaften Nahrungs-
konkurrenten für die Schafe und Rinder. Die australische
Regierung gab allein von 2010 bis 2014 über 160 000 Tiere

zum Abschuss aus dem Helikopter frei, was in der arabischen Welt übrigens zu Protesten führte. Dennoch bleibt Kamelfleisch ein australischer Exportschlager. Allein in den Nahen Osten exportiert man etwa 25 000 Schlachttiere pro Jahr. In Riad und Beirut gilt australisches Kamelfleisch als ausgesprochen aromatisch, vor allem aber (im Zeitalter des arabischen Dromedar-MERS-Coronavirus) als gesundheitlich unbedenklich und wird dort auch zu *Camel Burgern* verarbeitet. Ein Schicksal, das eines der »erfolgreichsten« Tiere Australiens eigentlich nicht verdient hat.

Nützliche und unnütze Dinge fürs Outback

Falls man im Outback auf ein verwittertes Holzschild mit der Abkürzung B. Y. O. T. P. stößt, ist die höfliche Bitte gemeint, die karge Vegetation beim Toilettengang im Busch nicht zu sehr zu strapazieren. Auch wenn die Rinde einiger Eukalypten sehr an abblätterndes Papier erinnert, an dieser Stelle im Outback gilt: Bring your own toilet paper!

Die ersten Entdecker, die sich auf den Weg machten, um Australien zu erkunden, nahmen die verrücktesten Sachen mit. Tonnenweise Salz, Zucker, ja ganze Schiffe schleppte man durch die Wüsten. Es könnte ja irgendwo ein Fluss auftauchen, auf dem sich die Reise fortsetzen ließe. Obwohl diejenigen, die heutzutage durch das Outback streifen, es eigentlich besser wissen müssten, schleppen auch sie immer noch kiloweise unnützes Zeug mit sich herum.

Die goldene Regel fürs australische Outback lautet: Mach es dir so leicht wie möglich. Das schwerelose Hemd, die schnell trocknende Unterhose, die Stirnleuchte, Ohrenstöpsel, Sonnenschutz, das Hutnetz gegen die Bushflys sowie wasserfeste Streichhölzer gehören zu den Dingen, die man Reisenden ans Herz legen möchte. Bargeld und genügend Wasser nicht zu vergessen. Banal, aber im Zeitalter der Kreditkarten wird dies immer wieder vergessen.

Zu den nützlichen Dingen, die mir in menschenleeren Gegenden sehr geholfen haben, zählt zum Beispiel, so seltsam es klingt, eine leichte Schnur. Hier bietet sich idealerweise eine makrameartig zum Armband geflochtene *parachute cord* (Schnur) oder ein *survival bracelet* an. Leicht und easy, aber sehr lang und fast unzerreißbar. Ich brauche die Schnur, um Sachen zusammenzubinden, als Ersatzschuhriemen, als Wäscheleine und – sehr wichtig – zum Verschnüren einer langen Hose am Knöchel. Für Wanderungen in Gebiete, in denen die Wanderschuhe Ameisenstraßen kreuzen, können auch entsprechend zugeschnittene Klettbänder Wunder wirken, indem man sie sich eng um die unteren Hosenbeine zieht und den beißenden Plagegeistern so den Zugang ins Hoseninnere verwehrt. Keine Ahnung, wie es den kleinen Viechern trotz hoher Schrittfrequenz gelingt, so schnell auf die Wanderschuhe zu springen.

Einen neuen, makellosen Akubra-Hut schleppe ich übrigens nie wieder durch Australien, auch wenn das Land mittlerweile wieder die größte Hutträgernation der Welt ist. Erstens machen sich australische Sprichwörter über große Hüte lustig – *the bigger the hat, the smaller the property*. Und zweitens sehen Hüte ohne jegliche Gebrauchsspuren im Outback einfach dämlich aus. In Kempsey, wo der Akubra-Hut hergestellt wird, hatte man mir noch beigebracht, ich solle ihn nicht oben an der gefalzten Hutkrone greifen, sondern immer mit beiden Händen vorsichtig an der Krempe anfassen. *Don't pinch the crown.* Weil sonst an dem Falz durch das ständige Anfassen schnell Löcher entstehen. Aber genau die machen einen anständigen Akubra erst aus, der übrigens vor allem in seiner abgewetzten Version als »Kultobjekt« gilt.

Ein australischer Freund sagte mir: »Genau daran erkennt man euch Touristen. An einem fleckenlosen Akubra-Hut ohne Beulen und Löcher. Zu einer Feier wie einer Hochzeit kann man so etwas ja anziehen. Wir auf dem Land haben für derartige Anlässe einen gepflegten Zweit- oder Dritthut. Aber auf der Straße, im Alltag zieht man so was Schickes nicht an und bestimmt nicht auf einer Farm. Das sieht einfach lächerlich aus. Als ob du niemals anständig gearbeitet hättest.«

Der große Durst

»Hey, hörst du schlecht, oder sind deine Ohren nur aufgemalt?«

Freundliche erste Kontaktaufnahme in einem australischen Pub.

Die Realität sei eine Illusion, die nur durch die Abwesenheit von Alkohol entsteht, sagt ein australisches Sprichwort. Ich sitze am Tresen des Daly Waters Pub, einer bekannten Kneipe am Stuart Highway zwischen Katherine und Tennant Creek. Den Gesprächen und dargebotenen Weisheiten zufolge haben meine Trinknachbarn hier ziemlich genaue Vorstellungen davon, was das Leben australischer, sprich lebenswerter, macht.

Buy me a drink and I will tell you a story, sagt plötzlich ein Mann mit rotem Rauschebart neben mir. Außer dieser wohl irisch inspirierten Variante einer schönen alten Handelsform gibt es noch zahlreiche andere clevere Ideen, um in australischen Pubs an einen kostenlosen Drink zu kommen, wenn es *beer o'clock* geschlagen hat. Wer zum Beispiel ein hölzernes Schild mit dem Kürzel *WYBMADIITY* über dem Tresen hängen sieht, sollte sich mit seiner Neugier möglichst zurückhalten. Denn wer wissen möchte, was das Kürzel bedeutet, wird schnell an einen freundlichen Aussie geraten, der mit nur einer einzigen cleveren Frage sein Bier quasi im Handumdrehen verdienen kann: *Will you buy me a drink if I tell you?*

Der Daly Waters Pub, Jahrgang 1930, hat sich so richtig ins Zeug gelegt und fährt einiges auf, um die Touristen, die Truckfahrer und Biker vom nahen Stuart Highway anzulocken. An einem Wellblechzaun sieht man Autonummernschilder aus aller Welt. Dann gibt es den obligatorischen Thong Tree, einen mit Flip-Flops voll behangenen Baum.

Drinnen würde ich die Mützen für die Zwillinge finden, teilt mir ein Australier mit türkischen Wurzeln mit. Als er mein verdutztes Gesicht sieht, führt er mich im Pub zu einem wahren Vorhang aus Büstenhaltern, die in allen Größen und Farben von der Decke hängen. Push-ups, Dessous-BHs, Sport-BHs, auch viele ältere Modelle sind darunter. Geschickt hat man die Übergrößen nach außen drapiert. Sehr eindrucksvoll. Eine Wand des Pubs, die man hier *Bank der Viehtreiber* nennt, ist mit bunten Geldscheinen aus aller Welt tapeziert.

Wie es sich für einen richtigen Outback-Pub gehört, können auch Autos hier ihren Durst löschen. Weit außerhalb der Städte sind Pubs fast immer auch Tankstellen, Minishops und Restaurants. Manche beschäftigen sogar Wanderfriseure, alle aber versuchen die Besucher mit verrückten Dingen zu beeindrucken. Manche hängen draußen Flaschen in die Bäume, andere bieten Strip-Poker an oder stellen in Alkohol eingelegte Schlangen in Glasbehältern aufs Piano.

Es gibt Pubs, in denen finden verrückte sportliche Wettkämpfe statt, wie das *Goanna Pulling*, das ich einmal in Kalgoorlie erleben durfte. Zwei Männer begeben sich in Echsen-, also in Goanna-Stellung, eine verquaste Version des

Vierfüßlerstands. Um den Nacken tragen sie ein strapazierfähiges Lederband und versuchen damit – von Angesicht zu Angesicht – den Gegner im Bodenkampf über eine weiße Linie zu ziehen.

Andere Pubs haben ihren eigenen kleinen Themenpark, halten sich einen weißen Kakadu oder gleich einen Privatzoo, in dem sich dann Kängurus und Kamele langweilen. Andere veranstalten einen makabren Kneipensport, bei dem man mit Lebensmittelfarbe markierte Kröten in einen Kreis setzt. Der Besitzer der Aga-Kröte, die den Kreis als Erste verlässt, hat gewonnen. Und dann gibt es die Pubs, die so weit abseits der Zivilisation liegen, dass man, gleich neben dem Lokal, eine eigene staubige Flugzeuglandebahn findet. »Ich flieg mal eben kurz auf ein Bier bei John vorbei, Darling.«

Familienfreundliche Kneipen

Pubs sind nach wie vor ein wichtiger Ort des australischen Soziallebens, und Bier ist nach wie vor Kult, auch wenn ihm der Wein in einigen Gegenden zunehmend den Rang streitig macht. Pub ist die Abkürzung für *public house,* und in Australien sind sie das tatsächlich noch: Orte für die ganze Familie. Oft mit einem eigenen Spielzimmer für die Kids, mit Spielautomaten für Teenager und BBQ-Grillständen im Innenhof. In den Nebenzimmern klimpern die *pokies,* die Geldautomaten, die längst nicht mehr einarmig sind. Frauen finden gemütliche Fernseh- und Lounge-Ecken, Männer haben ihre Tresen und Flachbildschirme, auf denen die Sportprogramme im Endlosmodus laufen. Pubs im staubigen Outback werden gern als *watering holes* oder *drinking holes* bezeichnet, als Tränken also. Einige Pubs kommen wie Paläste daher, das berühmte York Hotel in Kalgoorlie etwa, andere sind nichts weiter als schäbige kleine Spelunken. Wie das Leben eben so spielt, dort, wo einem der rote Staub die Zunge verklebt.

In den Städten, in denen gleich mehrere Pubs in Reichweite liegen, kann man mit seinen *mates* eine sogenannte *pub crawl* starten, und falls sich noch jemand finden lässt, der die hohe Kunst des *rhyming slang* beherrscht, ließe sich sogar eine *literature pub crawl* abhalten. Eine illustre Feierabendbeschäftigung, die man wohl am besten mit dem Begriff übersetzen kann, den mir der pubkundige Ralf Sotschek und der wortgewaltige Harry Rowohlt einmal ins Ohr geflüstert haben: literarische Kneipenbekriechung.

Die Meister der kühlen Biere

Alljährlich ermittelt die UN den Wohlfühlindex für die Länder der Welt. Australien ist immer ganz vorn mit dabei. Wenn man analysiert, was die Menschen *Down Under* so happy macht, ergeben sich schlichte Wahrheiten. Das gute Leben in Ländern mit extremer Hitze hängt von der Zuverlässigkeit der Kühl- und Belüftungssysteme ab. Eine einwandfrei funktionierende Aircondition ist das A und O jeden australischen Haushalts.

Im Zentrum in Alice Springs kann man in einem Krankenhaus gleich neben der kleinen Kirche in der Fußgängerzone eine äußerst clevere Art des Kühlens besichtigen: Vor hundert Jahren temperierte man die Räume mit nassen Leinenlaken und einem ausgeklügelten System von Belüftungsschächten.

Letztlich steigt die Zufriedenheit der Australier aber in einem klar definierten Verhältnis zur Verfügbarkeit eines kalten Biers.

Australische Tüftler haben sich aus diesem Grund bereits früh und ausgiebig mit den Schrecken des Eises und der Finsternis der Gefrierfächer auseinandergesetzt und die wohl wichtigste Erfindung des Landes gemacht – den Gefrierschrank.

In den riesigen Eisfächern der Supermärkte findet man heute ganze Wagenladungen voller riesiger Eispackungen. Gekauft werden sie vor allem von den Hochseeanglern, die ihren Fisch frisch halten wollen, aber auch zur Gartenparty schleppt man gewaltige Eisblöcke heran, die das Bier und den Cider im kleinen *beer pool* im Garten kalt halten sollen.

Die kleine Schwester des Gefrierschranks ist der *Esky*, eines der bekanntesten Wahrzeichen des australischen Alltags. Der Esky, die tragbare Kühlbox, ist ein Wunderwerk der Kältetechnik und wurde ursprünglich erfunden, um Nahrungsmittel und Getränke kühl zu halten. Die meisten Australier sehen die wichtigste Funktion eines Esky allerdings ausschließlich darin, Bier zu transportieren. Die ersten Exemplare waren noch aus Stahl gefertigt und sind unter der Bezeichnung *Car Box* aufgetaucht.

Was den Transport anbelangt, sind die Australier immer schon erfindungsreich gewesen, wenn es um die Vermeidung von Glasbruch, um Kühlung und um die Versorgung mit ausreichend Flüssigem geht. So sind die *box wine* und die *Bag-in-Box* ebenfalls Erfindungen der Australier. Und auch wenn man als eingefleischter Weinkenner nur ungern aus einem Karton trinken und diesem Fusel nur mindere Qualität zusprechen möchte, praktisch ist die Box allemal und wird beim australischen Picknick gern verwendet.

Maßeinheit für Zeit und Raum

Als Australien gerade von trinkfreudigen Briten und Iren besiedelt wurde und Bier noch als Währung galt, gab es viele nicht lizenzierte Kneipen, sogenannte *shanties,* in denen man sich den Kopf einschlug oder sein Monatsgehalt verprasste und sich dazwischen mit einem üblen Gebräu aus Rum, Opium und Vitriol das Gehirn benebelte. Oder minderwertiges Zeugs soff, das die Australier noch heute *tarantula juice* nennen. Es waren harte Zeiten damals und die Kehlen staubtrocken. Historiker behaupten, die Alkoholmenge, die von den ersten europäischen Siedlern konsumiert wurde, sei in Australien höher gewesen als die jeder anderen menschlichen Gruppe, die jemals auf dem Planeten gelebt hat.

Die Kneipen des Landes fungierten damals meist auch als Spielhölle und Wettbüro. Ein Umstand, der sich bis heute nicht wesentlich geändert hat. Während im frühen 18. Jahrhundert viele Arbeiter bereits mit Gold und Holey Dollars bezahlt wurden, bekamen die Aborigines Alkohol oder Tabak als einzigen Lohn. Ja, man machte sich in den *shanties* einen Spaß daraus, Aborigines mit Alkohol abzufüllen und gegeneinander kämpfen zu lassen.

Auch die berühmte australische Tradition des *shouting*, des Brauchs, Runden für die Kumpels zu schmeißen, hat in der frühen Goldgräberzeit ihren Ursprung. Wenn jemand ein Nugget gefunden hatte, lief er in die Kneipe und schmiss lauthals eine Runde fürs ganze Lokal. Der *shout* gehört noch heute zum Standardrepertoire jedes Kneipenkundigen.

Als in Australien die ersten Pubs eröffneten, musste die Brauerei, deren Bier man durch seine Kehle laufen ließ, vom Pub aus in Sichtweite liegen, sonst traute man den Inhaltsstoffen nicht. Zur Gründerzeit hatte aus diesem Grund fast jeder Pub seine eigene Braustätte und nannte sich stolz *Hotel*. Ein Begriff, der auch heute noch für australische Kneipen verwendet wird und aus einer Zeit stammt, in der die Wirte mindestens ein Zimmer für Gäste mit Vollrausch zur Verfügung stellen mussten. Ich frage mich übrigens, ob die raubeinigen Kerle in der damaligen Zeit zu ihrer Frau gesagt haben: »Ich gehe mal eben noch ins Hotel, Schatz.« Oder ob sie doch geradeheraus und ohne Umschweife meinten: »Ich geh noch einen heben.«

Bier hatte bis vor zwei Jahrzehnten einen recht hohen Status in Australien. Bier war nicht einfach nur Getränk und Zahlungsmittel, sondern galt sogar als Maßeinheit für Raum und Zeit. So wurden bis zur Jahrtausendwende Entfernungen zwischen zwei Städten noch in Bier angegeben.

»Sorry, wie lange braucht man von Darwin bis Katharine?«

»Oh, nicht mehr als einen Sixpack.«

Und auch die Zeit, die man für bestimmte Arbeiten und Freundschaftsdienste benötigte, gab man selbstverständlich in der Verrechnungseinheit Bier an:

»Hallo, Paul. Wie lange brauchst du noch für das Kacheln im Bad?«

»Oh, wahrscheinlich noch einen *carton*.« (Gemeint ist ein Tragekarton Bier.)

Australien ist wahrscheinlich das einzige Land mit einem Premierminister, der aufgrund seines Trinkverhaltens im Guinnessbuch der Rekorde steht. Im Jahr 1963 gelang es Bob Hawke, 1,4 Liter Bier in elf Sekunden »zu trinken«. In seinen Memoiren schreibt er, dass dieser Rekord seine politische Karriere mehr als alles andere in seinem Leben befördert habe.

Der Berg, der das Licht trinkt

*Ich lese in einem Bordmagazin, der Uluru sei Australiens
rot glühendes Herz, und denke über diesen schiefen
Vergleich nach. Ein Herz aus Stein?*

Mal ehrlich, wer würde auf die Idee kommen, mit einem Bus
einen Tagesausflug von Köln nach Paris zu machen? Also
morgens um sechs Uhr los, auf den Champs-Élysées auf die
Schnelle den Sonnenuntergang genießen, einen Espresso, ein
Croissant – und dann wieder ab in den Bus. Ankunft in Köln
um ein Uhr nachts. Fahrtstrecke, kürzester Weg: 900 Kilometer.

Wohl niemand. Wer sich von Alice Springs zum Uluru,
dem australischen Berg der Berge, aufmachen möchte, sollte
die lange Anfahrt also nicht unterschätzen. Von den Eintages-
touren, die einige Reisebüros in Alice anbieten, ist dringend
abzuraten. Denn genau das wäre die Distanz eines solchen
Tagesausflugs: mindestens 900 Kilometer.

Immer wieder trifft man in Alice in der Fußgängerzone auf
junge Backpacker, die sich aus Kostengründen eine Übernachtung sparen und sich diese Gewalttour antun wollen.

Wirklich schade. Denn sie verpassen so einiges, nicht nur den herrlichen Sonnenaufgang am Uluru. Rund um den Uluru-Kata Tjuta National Park findet sich eine grandiose Landschaft mit einmaligen Naturschönheiten. Allen voran der Kings Canyon, das Palm Valley und die West McDonnell Ranges. Die derzeit durchschnittliche Aufenthaltsdauer der Besucher im Uluru-Kata Tjuta National Park: eineinhalb Tage.

Ich erinnere mich noch, wie unspektakulär der vor der Jahrtausendwende noch unter dem Namen »Ayers Rock« bekannte Berg beim ersten Mal auf mich wirkte. Auf dem Flug von Perth nach Alice Springs machte der Pilot über das Bordmikrofon darauf aufmerksam, dass rechter Hand gleich »a nice little mountain« auftauchen werde. Glücklicherweise saß ich auf der richtigen Seite und sah den »Ayers Rock«, der wie eine steinerne Pfote aus einer völlig flachen Ebene herausragte. Jahre später staunte ich dann nicht schlecht, als der nun als »Uluru« bekannte Berg auf einem Flug in umgekehrter Richtung, also von Alice Springs nach Perth, wiederum auf der rechten Seite des Flugzeugs zu finden war. Etwas, das mich heute noch verwirrt.

Faszinosum Uluru. Zweimal am Tag herrscht hier der große Rummel. Pünktlich zu Sonnenaufgang und Sonnenuntergang kommen die Busse und strömen die Massen. Dabei gehört der moderne Mensch, der immer dann leicht in Panik gerät, wenn mal für kurze Zeit so rein gar nichts passiert, eigentlich nicht hierher. Neben mir stehen einige Chinesen, die tatsächlich *Australien in fünf Tagen* gebucht haben. »Uff, gerade noch rechtzeitig zum Sonnenuntergang angekommen«, sagt jemand strahlend zu mir und ist völlig aus der Puste. Was dann passiert, ist in etwa so, als wenn man zum Ende eines spannenden Kinofilms noch schnell in die Vorstellung huscht und sieht, wie sich der Vorhang senkt – und außerdem noch feststellen muss, im falschen Film zu sein.

Denn die Sonne versteckt sich am Horizont hinter einem Wolkenband. Das Glühen fällt heute einfach aus. Es passiert nicht oft, aber der Berg kann sich dem Farbspiel durchaus verweigern. Bei Regen zum Beispiel. Ich habe eine Gruppe erlebt, die sich lauthals bei ihrem Tourguide über das schlechte Wetter beschwerte. Eine Farbversicherung habe er noch nicht im Angebot, meinte der arme Mann lakonisch.

Ein neuer Tag. Sonnenaufgang. Eisenoxidzauber auf nüchterne Magen. Der Uluru trinkt das ihn umgebende Licht. Saugt sich voll Rot, Orange und goldenes Gelb. Und umso mehr er trinkt, desto schneller verschwinden all die Schatten auf seinem Bauch. Der Berg schluckt das Licht so begehrlich wie die ihn umgebende Landschaft das Wasser.

Ein Schauspiel, das jährlich Millionen von Besuchern sehen wollen, eine Inszenierung, bei der aber eigentlich nichts weiter geschieht, als dass sich ein Vorhang ganz langsam senkt (am Abend) oder hebt (am Morgen). Am Abend berauscht sich der Berg noch einmal an den letzten Strahlen der Sonne. Seine Farben changieren von Blutrot und Pink über Orange und Purpur zu Rostrot und Marsrot, bevor er schließlich in die Nacht gleitet.

Das Zirpen der Zikaden steigt mir in die Ohren, und die gerade angereiste Menge koreanischer Touristen ist sich noch nicht sicher, wie sie aus Dank über diese Aufführung applaudieren soll. Denn alle Hände sind voll damit beschäftigt, die Smartphones und Fotoapparate zu bedienen.

Bitte nicht besteigen

Ein Australier ist vor Jahrzehnten, als der Tourismus am roten Stein gerade begann, auf die famose Idee gekommen, dort oben gekühlte Getränke zu verkaufen. Wie er die Versorgung organisiert hat, kann mir hier keiner mehr sagen. Zudem gab es eine Zeit, da führten die Aborigines die weißen Besucher sogar selbst auf den Gipfel, wie alte Filme von Charles P. Mountford aus dem Jahr 1940 zeigen.

Heute ist es verpönt, auf den Uluru zu steigen, und meist finden die Führer eine gute Ausrede, um es nicht zu tun – und das, obwohl die Besitzer des Landes, die Anangu, es in ihrem Pachtvertrag ausdrücklich erlauben. Aber entweder ist das Wetter zu unbeständig, oder man hat einen Todesfall in der Mutitjulu Aboriginal Community und bittet um Respekt.

Den besten Grund, den heiligen Berg nicht zu besteigen, liefern die Aborigines selbst. Im Glauben der Anangu verwandelt einen der Berg als Strafe für den Frevel seiner Besteigung auf der Stelle in eine Ameise. Noch wahrscheinlicher, so ein Guide, sei allerdings ein Kreislaufkollaps, weil viele Touristen die Hitze und den Anstieg unterschätzen würden. Immerhin sei der Uluru höher als der Eiffelturm. Und da er gerade über die Hitze spricht, erzählt der Guide noch die Geschichte von einer jungen Französin, die den Berg bestieg, um sich oben im Stringtanga für YouTube zu inszenieren. Die Anangu liefen damals Sturm, und der Berg durfte für Monate nicht mehr erklommen werden.

Intermezzo in der Hauptstadt

Als William Gosse 1873 als erster Weißer mit seinem afghanischen Kameltreiber Khamran den Gipfel dieses Berges bestieg und ihn nach Sir Henry Ayers benannte, dem damaligen Generalgouverneur von Südaustralien, lebte für die Aborigines die heilige Wasserschlange Yankuntjajara an diesem Ort, und der Berg trug einen uralten Namen – Uluru. Als weltgrößter Sandsteinmonolith galt er bis zur Jahrtausendwende. Nur sehr langsam konnten sich die offiziellen Guides in ihren Vorträgen zu dem durchringen, was geologisch längst bewiesen war: Der Uluru oder auch Ayers Rock war keinesfalls der größte Monolith der Erde. Der Mount Augustus in Westaustralien ist nicht nur zweieinhalbmal so groß, sondern auch ganze zwanzig Millionen Jahre älter.

Als Wissenschaftsjournalist beschlich mich eine Vermutung. Im australischen Sommer 2014 sitze ich im Schatten der Quandong-Bäume und frage mich, ob der Uluru überhaupt ein Monolith ist. Also ein einzelner riesiger Stein, der sein Haupt wie die Spitze eines Eisbergs über der Erde trägt.

Uluru und Kata Tjuta sind die Reste eines Gebirges, das vor 350 Millionen Jahren noch zu den Anden gehörte! Die geologischen Schichten des Uluru sind heute als senkrechte Rillen zu sehen, was die Aborigines freilich ganz anders interpretieren. Für sie sind diese vertikalen Furchen die Kratzspuren des Schöpfers, der mit seinen gigantischen Fingern den Fels hinuntergerutscht ist.

Im Tjukurpa Center und in der Verwaltung des Uluru-Kata Tjuta National Park kann mir auf die Frage, ob der Uluru tatsächlich ein Monolith sei, niemand antworten. Da müsse ich, so ein Guide, schon in die Hauptstadt fahren, dort könne man mir von offizieller Seite sicher weiterhelfen.

Also reise ich nach Canberra, in die Gartenhauptstadt der liberalen Gesetze. Ganz im Süden der Stadt, am Ende der Jerrabomberra Avenue, liegt das Geoscience Australia. Ein Institut, in dem die besten Geologen des Landes forschen, und das einzige in Australien, das mir eine offizielle Bestätigung aushändigen kann. Das Institut ist übrigens für die Öffentlichkeit geöffnet, und mag man auch sonst kaum einen guten Grund finden, um in die Hauptstadt zu fahren, ein Besuch im Geoscience Australia mit seiner guten Bibliothek, den wunderbaren Exponaten und dem sehr guten Filmarchiv lohnt sich allemal.

Meine Anfrage, ob der Uluru ein Monolith sei, brachte das Haus übrigens etwas durcheinander. Erst war die für den Uluru zuständige Geologin für drei Tage auf einem Kongress. Dann hieß es, eine solche Frage sei nicht so einfach zu beantworten. Ich könne, so ich denn wolle, eine Mail an die Spezialistin schicken. Und falls ich einen besonderen Stein gefunden hätte, werde man ihn mir mit allergrößter Sorgfalt bestimmen und sagen, zu welchem Preis ich ihn, falls überhaupt, aus Australien ausführen dürfe.

Drei Tage später fliegt mir die Geologin Pauline English dann regelrecht in die Arme und drückt mir freudestrahlend ihre maßgebliche Schrift *Cainozoic Geology & Hydrogeology of Uluru – Kata-Tjuta National Park* in die Hand. Als hätten wir ein konspiratives Treffen, zieht sie mich etwas zur Seite, in eine Nische des Ganges.

»Ich weiß, dass man das in manchen Teilen Australiens nicht gerne hört, aber der Uluru ist tatsächlich kein Monolith.« Ich zitiere die dramatisch gehauchten Worte im Original: »The Uluru is no monolith, it is an *inselberg*.«

Ein Inselberg also. Die Sache ist nach Frau English bereits seit 1982 offiziell, von der Geologenkoryphäe C.R. Twidale im Buch *Granite Landforms* veröffentlicht, wird seitdem aber vor allem von den Touristikbüros im Red Centre ignoriert.

Ein Monolith ist ein einzelner Stein, klar umrissen. Wortwörtlich: *ein Stein*. Und genau das wird auch weiterhin den Leuten erzählt. Dass der Uluru ein riesenhafter Stein in der Erde wäre, von dem nur der kleinere Teil als Gipfel aus dem Wüstenboden schaut.

Ein Inselberg hingegen ist unterirdisch mit anderen Gesteinsschichten verbunden, die dann an verschiedenen Stellen aus dem Boden auftauchen. Solche steinernen Inseln sind die Kata Tjutas und eben auch der Uluru. Für die Aborigines hat der Berg durch diese neue Erkenntnis aber nichts von seinem Zauber verloren, im Gegenteil. Ich frage einen Guide, was er denn seinen Gästen nun erzählen wolle, wo er doch bis jetzt auf seinen Touren behauptet hatte, der Uluru wäre ein Monolith und gälte als Symbol für das *eine Volk*.

»Jetzt ist doch alles noch viel besser. Das ist doch ein wunderschönes Symbol. Und *inselberg* ist ein sehr schönes Wort mit einem guten Klang. Wir alle sind miteinander verbunden, auch wenn wir das bisher nicht wussten. Das Innere der Erde birgt eben viele Geheimnisse.«

Noch ein Geheimtipp

Wenn es am Uluru regnet, gibt es vor allem bei kurzfristig angereisten Touristen meist lange Gesichter. Und viele werden sich bei Regen und bewölktem Himmel in Alice Springs fragen, ob es nicht mehr Sinn macht, auf die Sonne zu warten, die ja das Farbspektakel am Berg erst möglich macht. Doch gerade nach Regenschauern entwickelt sich das Land am Uluru zu einer blühenden Oase. Wer etwas Zeit und Geduld mitbringt, sollte sich auf die Reise machen, auch um sich ein relativ seltenes Spektakel am Fels nicht entgehen zu lassen. Auf seiner zerklüfteten Oberfläche befinden sich nach Regenfällen zahlreiche prall gefüllte Wasserlöcher. Ganze Kaskaden stürzen dann vom Fels herunter und sorgen mit dafür, dass sich rund um den Uluru ein fruchtbarer grüner Gürtel in der sonst so kargen Landschaft bildet. Für die Anangu, die Aborigines, die in dieser Gegend seit Tausenden von Jahren leben, macht erst der Regen die Felsformation zu einem heiligen Ort.

Alice Springs – der ruhigste Ort der Welt

Alice, so sagt mir die Aborigine-Künstlerin Margaret, ist der ruhigste Ort der Welt. Die Malerin vom Stamm der Aranda hat ihren Arbeitsplatz auf einem kleinen Rasenhügel in der Fußgängerzone direkt vor der Kirche. Sie sitzt dort und setzt ruhig und gelassen Punkt für Punkt auf ein Blatt Papier. Der *dotting stick*, ein kleiner, in den Farbkasten gedrückter Holzstock, ist ihr Pinsel. *Dot Art* nennt sich diese pointillistische Kunst, die Margaret direkt – ab 150 Dollar das Werk – an die vorbeiflanierenden Touristen verkauft.

Manchmal sitzt sie auch mit einigen Freundinnen unter dem schmalen Schattendach der Bibliothek am Flussufer. Eine Frauenrunde in bunten Röcken, die in tiefer Meditation ihre Farbpunkte setzt. Die Zeichnungen seien Landkarten ihrer Seele, sagt Margaret.

Heute sind die Frauen nicht da. Die Farbspritzer auf dem Boden werden selbst zum Kunstwerk, an dem sich die Sonne zu schaffen macht, indem sie kleine Risse in die Farbe brennt. In der Bibliothek schnarcht ein Aborigine laut vor sich hin, keiner traut sich, ihn zu wecken. Er schläft seinen Rausch aus.

Ansonsten bleibt es still. Einer der ruhigsten Orte der Welt ist Alice Springs nicht nur für Margaret, sondern auch für Geologen. Während sich beim Nachbarn Neuseeland die Erde fauchend öffnet, Erdschollen auf Wanderschaft sind und sich verhaken, ruht die Landmasse Australiens still und fest. Sie hat sich bereits frühzeitig, seit ihrem Abschied vom Urkontinent Gondwana, eine ruhige Ecke auf unserem Planeten gesucht. Kein Wackeln, keine tektonischen Tänzchen, keine Erdrutsche. Alice Springs liegt geografisch fast genau in der Mitte dieser so ruhigen wie riesigen Landmasse. Für die gemeinsam mit den Amerikanern betriebene geologische Forschungsstation ist die Stadt im Outback der ideale Punkt, um die kleinsten Erschütterungen zu messen. Feinste Kabel haben die Geophysiker im Boden tief unter der Stadt verlegt, die selbst die Vibrationen eines Road Trains in tausend Kilometer Entfernung noch messen können. Von Atombombentests in Nordkorea ganz zu schweigen.

Für die meisten Touristen ist *The Alice*, wie die Bewohner ihre Stadt nennen, nur Durchgangsstation. Ein Zwischenstopp auf dem Weg in den Uluru und Kata-Tjuta Nationalpark. Wenn die Flugzeugfirma Boing im heißen Sommer weit außerhalb der Stadt in der roten Steppe ihre Triebwerke unter extremen klimatischen Bedingungen testet, bekommen die Touristen das nicht mit. Auch die Autoindustrie testet ihre Motoren hier in der Abgeschiedenheit. In der Nähe von Alice, da sind sich Flugzeug- und Autobauer einig, lassen sich Prototypen ohne den in Europa und Amerika üblichen Rummel und ohne Paparazzi durchführen.

Die Vibrationen der Flugzeugtriebwerke und der Road Trains, der langen Lastwagen draußen auf dem Stuart Highway, mögen den Geheimforschern in ihren unterirdischen Bunkern vielleicht in den Kopfhörern brummen. In der Stadt selbst ist nichts davon zu hören. Verkehr ist kaum vorhanden. Eine geruhsame Stadt ohne Lärm. Nur einmal im Jahr ist dann doch Tumult angesagt. Wenn an einem Wochenende im Frühling Wikinger und Piraten in Alice einfallen, um sich die wohl erstaunlichste Schiffsschlacht der Welt zu liefern.

Regatta im ausgetrockneten Flussbett

Auf Stadtplänen hat der Todd River in Alice Springs eine wunderschöne blaue Farbe. Wer sich allerdings auf die Suche nach diesem Fluss macht, wird die meiste Zeit nichts anderes finden als ein braunsandiges Flussbett, aus dem einige weiße Eukalyptusbäume ragen. Aborigines übernachten gerne hier. Ansonsten zieht es niemanden an diesen Ort.

Das freilich ändert sich bei der jährlich stattfindenden Regatta, die im australischen Winter in dem sandigen Flussbett ausgetragen wird. Zuschauer verfolgen von den Tribünen an der Uferpromenade aus das weltweit wohl einzige Bootsrennen in einem ausgetrockneten Flussbett.

Der gute alte George Brown, ein Künstler aus Alice, hat wie jedes Jahr vorab einige witzige Verbots- und Hinweisschilder ans Ufer gestellt. *No fishing*, heißt es darauf oder auch: *Beware of sharks* (Vorsicht, Haie!) Ein Schild trägt die Aufschrift: *Ferry leaves from Wharf 3*. Die Fähre erweist sich dann allerdings als ein wunderschöner Raddampfer namens *Pistill Dawn*. Damit die Teilnehmer der verschiedenen Bootsrennen nicht schon vorab in gefährliche »Strudel« geraten, hat George ein Schild mit der Aufschrift *Watch out rip tides* (Achtung, Brandungsrückstrom!) am Dampfer angebracht.

Anstatt Wasser schlucken die Teilnehmer an diesem Tag Sand und Staub. In diesem »Jachtrennen« werden die Segel gehisst, und die »Wassersportler« steigen in ihre Boote, in denen natürlich der Boden fehlt. Man trägt die Bootsattrappen und sprintet damit durchs Flussbett. Die wild im Steppensand paddelnden Männer verschwinden mit ihren auf Schienen laufenden Kajaks zeitweise in einer rotbraunen Wolke. Die Stimme des Kommentators überschlägt sich, als die Regatta der BYO-Boat-Kategorie beginnt, in der jeder sein selbst designtes Boot (BYO steht für *Build Your Own*) an den Start bringen kann. Besonders schwitzen an diesem heißen Tag die Teilnehmer in der Kategorie Bodyboarding, in der starke Männer ihre auf kleinen Surfbrettern sitzenden Frauen durch den Sand ziehen müssen.

Die Henley-on-Todd-Regatta ist das einzige Flussbootrennen der Welt, das abgesagt werden muss, wenn der Fluss tatsächlich Wasser führt. Nur einmal, im Jahr 1993, ist die Veranstaltung tatsächlich »ins Wasser gefallen«. Niemand hatte vorab damit gerechnet, dass es so schnell so stark regnen könnte. Dort, wo sonst die farbenprächtigen Boote und Schiffe zum Wettbewerb antreten, wälzte sich eine schokoladenbraune Schlammbrühe durch den Ort.

Der Filmemacher und der Feuertornado

Als Chris Tangey, ein Filmemacher aus Alice Springs, für John Curran, den Regisseur des Films *Spuren,* als Locationscout eine Wüstenlandschaft finden sollte, wollte er den Auftrag zunächst ablehnen. In der Verfilmung und im gleichnamigen Buch von Robyn Davidson geht es auch um Kamele, und diese wollte der Regisseur unbedingt in einer australischen Sahara ansiedeln. Doch eine reine Sandwüste gibt es rund um Alice Springs nicht, schon gar keine Wüste, die an die Sahara erinnert. Menschen, die Australien noch nie besucht haben, stellen sich das Land meist als riesige, staubtrockene Ebene vor. Doch wer erst einmal durch Zentralaustralien reist, trennt sich schon bald von diesem Klischee – wie Butter in der heißen Wüstensonne schmilzt es dahin. Vielmehr staunt man darüber, wie viele Pflanzen und Bäume es hier tatsächlich gibt.

Drei Wochen lang war Chris Tangey bereits auf der Suche nach einer saharaähnlichen Kulisse. Täglich transportierte er hochauflösendes Filmmaterial und empfindliches Equipment durch das glühende Outback. Am 11. September 2012 hatte er dann endlich ein kleines Stück »Wüste« für die Filmaufnahmen gefunden. Er baute die Fernsehkamera auf, als er gegen 17 Uhr ein eigenartiges Buschfeuer sah. Als er es mit dem Objektiv einfing, konnte er noch nicht ahnen, dass er als weltweit erster Mensch ein Phänomen filmen würde, das man bis dahin nur aus phantastischen Erzählungen kannte: einen Feuertornado, den die Aussies auch *Firenado* nennen: eines der seltensten und spektakulärsten Wetterphänomene Australiens. Allerdings keines, das auf den Klimawandel zurückgeführt werden kann, wie Chris in einem Streitgespräch mit Al Gore im amerikanischen Fernsehen klarstellte.

Wenn ein Tornado aus dem tropischen Norden nach Süden zieht und dort einem Buschfeuer begegnet, saugt der Wirbelsturm die Flammen nach oben wie ein Staubsauger. Chris Tangey filmte eine gigantische Feuersäule, die ihre Flammen über dreißig Meter in den Himmel schraubt. Er zeigte mir diese über einstündigen Aufnahmen in seinem Studio. Eine kleine Sequenz des langen apokalyptischen Films wurde seinerzeit sogar in den *Tagesthemen* gezeigt. Dabei sind die spektakulärsten Bilder weder dort noch auf YouTube oder in den Filmen zu sehen, die Chris an weltweit dreißig Fernsehkanäle verkauft hat. Der kluge Filmemacher hält die besten Szenen noch zurück. Für schlechte Zeiten, wie er sagt.

Diese bislang unveröffentlichten Bilder zeigen, wie der Tornado neben den goldgelben Flammen auch den roten Sand der Wüste, ja ganze Bäume in die Feuersäule saugt. Man glaubt, die animierte Sequenz irgendeiner Bibelverfilmung zu sehen. Kein Wunder, dass Chris beim Anblick des goldroten Feuerwirbels völlig vergaß, in welche Gefahr er sich gebracht hatte. Ein unglaublicher Zufall, als Filmemacher mit einer professionellen Kamera zur rechten Zeit in der Nähe eines Feuertornados zu sein. Und ein riesiges Glück, aus dem Flammenmeer lebend wieder herauszukommen.

Die Gärtner des Geheimdienstes

Chris Tangey hat mich noch in ein weiteres Geheimnis eingeweiht. Etwas, das ich in Alice Springs niemals erwartet
hätte. Denn wer ist der größte Arbeitgeber in Alice? Und was
haben der Teufelsberg in Berlin und die Stadt Alice Springs
in Australien gemeinsam?

Die runden Ohren der NSA und ihres weltweiten Abhör-
spionagenetzes Echelon sehen aus wie riesige weiße Golfbälle,
die pilzgleich aus dem Boden wachsen. Die gleichen weißen
Radarkugeln, die ich vom Teufelsberg in Berlin kenne, finden sich hier mitten in der Halbwüste, zwanzig Kilometer
südöstlich von Alice Springs. Doch während die Berliner Ab-
höranlage, mit der man einst problemlos den Taxifunk in
Warschau abhören konnte, zerbröselt und zerfällt, sind die
australischen Pilzkugeln weiterhin fester Bestandteil des Ab-
hördienstes. Über eintausend Spione arbeiten hier unter dem
australischen Wüstenboden.

»Die Spione gaben sich in der Stadt anfangs alle als Gärtner aus«, sagt mir Chris, der als Journalist auch für das lokale
Fernsehen arbeitet. Diese Behauptung ist natürlich inzwischen völlig absurd. »Die Abhörspione sind nun schon seit
1970 hier, und so viele Gärtner braucht Alice Springs gar
nicht. Deshalb haben die meisten der Gärtner inzwischen auf
Klempner oder auf Schreiner umgeschult – angeblich.«

Obwohl *Pine Gap,* wie die Basis der Amerikaner in Alice
Springs genannt wird, nach Aussagen von Edward Snowden
zu Australiens geheimsten Plätzen zählt, gehört sie zu den
wenigen, die man auf Google World unverpixelt betrachten
kann. Erstaunlich für eine Anlage, die problemlos bis nach
Nordkorea (Pjöngjang ist 6800 km entfernt), nach Saudi-Ara-
bien (bis Riad sind es 10 000 km) und bis in den Indischen
Ozean lauschen kann, um dort etwa nach dem Flugschreiber
einer verschollenen malaysischen Verkehrsmaschine zu fahn-
den. Die australische Regierung allerdings mag auf offizielle

Anfragen die Existenz der CIA-NSA-Spionagestadt noch immer nicht bestätigen, obwohl jeder Einwohner in Alice die Riesenpilze kennt – und natürlich auch deren Gärtner.

Im Café Piccolo in der Fußgängerzone in Alice habe ich im Januar 2014 dann tatsächlich einen dieser Klempner kennengelernt, einen ehemaligen Gärtner. Leider hat dieser Geheimdienstmitarbeiter mir jedes tiefer gehende Interview verweigert. Die einzigen, aber sehr aussagekräftigen Sätze, die zitierfähig sind, lauten: »Hier in Alice Springs ist doch sowieso nichts los. Die haben kein Gold und keine anderen Bodenschätze. Aber wir leben in modernen Zeiten. Und heute kann auch gute Information Gold wert sein.«

Relikte der Urzeit

Tiefe Nacht über Darwin. Prasselnder Gewitterregen in tropischer Finsternis. Ein mächtiges Dröhnen nähert sich wie eine gigantische Flugstaffel. Der schwarze Vorhang zerreißt, und es beginnt die von einem überdrehten himmlischen Lichttechniker inszenierte Blitzgewittershow. Ich stehe auf der überdachten Terrasse meines Hotels und sehe dem Spektakel zu. Ein Blitz rast weit draußen auf die Erde hinunter, zuckt über den Horizont schräg nach rechts und vereinigt sich mit einem anderen Blitz zu einem gleißenden Kreis. Ein Gewitter, wie ich es auch in den Tropen noch nicht erlebt habe. Und eine halbe Stunde später tut das nördliche Australien dann so, als ob rein gar nichts geschehen wäre. Nachtruhe.

Tags darauf tönt zum Frühstück Vogelgekreische durchs Fenster. In Darwin, im Java Spice Café, bekommt man zu seinem Flat White oder Coffee-Sorbet ein eisgekühltes weißes Tuch an den Tisch. Ein Tuch mit dezentem Duft, der vom Lavendelöl herrührt, das man ins Kühlfach sprüht. Traumhafte Idee für die Tropen. Es gibt griechischen Joghurt mit Früchten und leckere Kuchen zu stolzen Preisen.

Später beim Rundflug über den Kakadu National Park und das Arnhemland hüpft die Propellermaschine wie ein ausgelassenes Känguru durch die Luft. Unter uns der Adelaide River und die sich wild schlängelnden Wasserarme des Schwemmlandes, die ihre Freiheit in vollen Zügen genießen. Ein wild dahingeworfenes Gemälde aus Mangroven, tropischen Buschpflanzen und Wassernetzen. Wir überfliegen die Schlingen des Yellow Water Billabong und andere urzeitliche, unberührte Gewässer. Riesige Schwärme von Jabiru-Störchen und Wanderpfeifgänsen fliegen aus den Mangroven auf, als die Maschine sich senkt. In den mäandernden Wasserarmen warten Krokodile auf Beute – seit Anbeginn der Zeit.

Der Kakadu National Park ist ein Glücksfall für Besucher und auch für die hier als Tourguides arbeitenden Aborigines. Denn dieses schillernde Nassgebiet ist seit der ersten Besiedlung vor 50 000 Jahren nahezu unverändert.

Der Regen der letzten Tage hat die Farben der Natur regelrecht explodieren lassen. Schwefelgelb, Giftgrün und Ockerbraun. Der Tourguide verspricht, den Flug über den Nationalpark mache man *once in a lifetime*. Ein Erlebnis, das man ein Leben lang nicht mehr vergisst. Und es stimmt. Einmal im Leben muss man den Kakadu National Park von oben gesehen haben. Selbst wenn es vom Wetter her nicht ganz so günstig ist. Am meisten hat man von dem Flug über den tropischen Norden, wenn die Monsunzeit zu Ende gegangen ist.

Drei Tage später, zurück in Darwin, gewittert es erneut. Tourguide Steven erzählt mir die schöne Geschichte, seine Großmutter habe ihm, als er ein kleiner Junge war, bei Gewitter immer gesagt, Gott würde im Himmel die Möbel verrücken.

Jäger mit drei Augenlidern

Die Regenfälle waren zu stark. Die Flüsse im Kakadu National Park sind kaum mehr befahrbar. Eine geplante Fahrt auf dem East Alligator River muss kurzfristig abgesagt werden. Ich bin geschockt: Man hat uns einfach auf eine Crocodile-Jumping-Show umgebucht!

Eigentlich wollte ich nie wieder auf eine solche Tour. Ich mag kein Krokodilspringen. Bei der langweiligen Prozedur wird ein Stück Fleisch am Ende eines langen Stocks befestigt, und alle sehen dabei zu, wie ein Krokodil heranschwimmt und möglicherweise aus dem Wasser springt. Man kämpft um die günstigsten Plätze und darum, genau in jenem Augenblick auf den Auslöser zu drücken, wenn das Krokodil in voller Länge und mit geöffneter Schnauze aus dem Wasser ragt.

Doch meine Vorurteile gegen derartige Touren werden diesmal vollständig über den Haufen geworfen. Letztlich kommt es wohl immer darauf an, wer die Krokodile nun aufscheucht, und der langhaarige Patrick, kurz Pat, ist einer, der mit Herzblut seinem Job nachgeht. Kein gelangweilter Profi, der tagtäglich Touristen abfertigt. Pat ist ein Lehrer, wie man ihn sich besser nicht wünschen kann. In einer Stunde mit ihm auf dem Wasser erfahre ich mehr über Krokodile als aus jeder Enzyklopädie.

Dort, wo nicht ausdrücklich ein Schild auf gefahrloses Schwimmen hinweist, sollte man nicht ins Wasser gehen. Die Aborigines des Nordens nennen das Süßwasserkrokodil *Madjarrki* und das Salzwasserkrokodil, das gefährliche, nur kurz und knapp *Ginga*. Patrick sagt uns, dass *Ginga* ein überaus hilfreiches Wort sei, weil es so schön kurz ist und so auch wie ein knapper Warnruf ausgestoßen werden kann. *Achtung, Ginga!* Wobei warnende Hinweise angesichts der Geschwindigkeit dieser Tiere in der Regel ohnehin zu spät kämen.

Es gibt zwei populäre Irrtümer. Der erste besteht in der Annahme, Süßwasserkrokodile seien harmlos. Die Tiere sind zwar scheu, aber sie können sehr aggressiv werden, wenn sie sich gestört fühlen, und man sollte sie gewiss nicht unterschätzen, auch wenn sie einen mit ihrer schlanken Schnauze nicht verschlingen können.

Der zweite Irrtum beruht auf der sprachlichen Verharm-losung der Australier, denn die *Salties* genannten Leistenkro-kodile treiben sich eben keinesfalls nur im Salzwasser herum, sondern gern auch in Süßwassertümpeln.

Krokodile wachsen ein Leben lang. Sie haben stets Muni-tion zum Nachladen dabei, wie Pat es ausdrückt, denn in den Hohlräumen ihrer Zähne verbergen sich Ersatzzähne, die 14-mal nachgeladen werden können, ein ganzes Magazin an Zähnen also. Krokodile sind über den Zeitraum von vielen Millionen Jahren optimierte Jagdmaschinen.

Interessant ist auch: Sie hören sowohl tiefe als auch hohe Töne und können die Position ihres Opfers allein anhand des Schalls bestimmen. Außerdem sind die Augen der Leisten-krokodile weit nach oben verlagert; die Tiere können also träge im Wasser liegen und haben trotzdem alles ganz genau im Blick. Wie das Auge der Katze besitzt jedes Krokodilsauge eine reflektierende Schicht von Kristallen, die die Sicht in der Dämmerung intensivieren, und die Pupille kann sich, je nach Lichtmenge, vom Kreis zum Schlitz verändern. Das Gehirn wiederum ist auf die feine Analyse von Gerüchen geeicht, während entlang der Kiefer Rezeptoren sitzen, die auf aller-feinste Vibrationen reagieren. Krokodile liegen stundenlang regungslos im Wasser, sparen ihre Energie für den alles ent-scheidenden Moment, in den sie all ihre Geschwindigkeit und Kraft legen.

Leistenkrokodile können eine Stunde unter Wasser blei-ben, sie haben eine Herz-Lungen-Maschine wie ein Turbo-lader, können bis zu 900 Kilometer am Stück schwimmen. Mit ihren Riesenlungen können sie den Auftrieb im Wasser präzise steuern. Sie sind die einzigen Reptilien mit vier Herz-kammern. Zwei der Herzklappen kann das Krokodil aktiv steuern, es kann also den Blutstrom in den Magen lenken, wenn es verdaut. In Dürrezeiten kann es monatelang ohne Nahrung und Wasser auskommen. Ein absolutes Überlebens-genie.

Gelegentlich kommt es auch vor, dass *Salties* Steine verschlucken. Keine Ahnung, ob sie das bewusst tun. Aber sinnvollerweise helfen die Steine im Magen bei der Verdauung. Außerdem helfen sie dem Krokodil dabei, sich ohne große Anstrengung unter Wasser zu halten. »Und *last, but not least*«, hebt Pat zum Schluss an, »haben sie drei übereinanderliegende Augenlider, die ich hier in Australien auch gut gebrauchen könnte.«

Doch er warnt uns eindringlich. Die meisten Todesfälle durch *Salties* geschehen nachts. Vor allem Schwimmer, Kanuten und Leute, die sich zum Zähneputzen über die Wasseroberfläche beugen, seien gefährdet.

Auf Instagram tauchen immer wieder Fotos von unvernünftigen Personen auf, vorwiegend Männern, die sich in gefährlichen Posen fotografieren lassen. Ein neuer australischer Sport. So ließ sich ein Mann in einer fünf Meter langen Krokodilfalle ablichten und setzte das Bild ins Internet. Die Park- und Wildlife-Ranger waren entsetzt. Denn erst zwei Wochen zuvor war ein zwölfjähriger Junge im Kakadu National Park an dieser Stelle ums Leben gekommen. Es ist also die reine Unvernunft, die manche Menschen hier ins Verderben treibt. Die Aktion hätte den Mann übrigens 7000 Dollar Strafe kosten oder sechs Monate ins Gefängnis bringen können, wäre er geschnappt worden. Und die Strafen für die zwei Amerikaner, die mit ihren Gewehren neben den von ihnen erschossenen Krokodilen posierten, liegen noch empfindlich höher. Bis zu 72 000 Dollar oder aber fünf Jahre Gefängnis kann einen das Erschießen eines Krokodils kosten.

Mischung aus Schuhlöffel und Biber

Ich habe mehrere australische Tropentiere, die ich verehre.

Da wäre zuerst einmal der Helmkasuar. Ein riesiger Vogel und scheuer Waldbewohner mit absurd blauem, geschwollenen Kamm und einer zu einem scharfen Messerdolch gebogenen Kralle. Ein wahres Relikt der Urzeit. Denn der Cassowary, wie der flugunfähige, bis zu 1,70 Meter große Laufvogel von den Australiern genannt wird, kann als wirklicher Nachfahre der Dinosaurier gelten.

Ebenfalls erstaunlich, wenn auch auf ganz andere Art, ist der Eisvogel Kookaburra, der im Deutschen unter dem schönen Namen »Der lachende Hans« bekannt ist. Er besitzt eine ausgeprägte Stimme, die bei der Verteidigung seines Reviers morgens und abends in einem herzhaft hysterischen Gelächter ausklingt. Als ich diese seltsamen Laute in den Wäldern Queenslands in der Nähe einer gewaltigen Würgefeige zum ersten Mal hörte, kamen sie mir eigenartig vertraut vor. Kein Wunder! Das Gelächter des Kookaburra ähnelt dem eines Schimpansen derart, dass es als Schimpansenersatz für die Vertonung in einigen der ersten Tarzanfilme herangezogen wurde.

Weitaus mehr als nur einen Schimpansen kann der australische Lyrebird, der Leierschwanz, nachahmen. Diesem wohl weltweit begabtesten aller Stimmkünstler gelingt es nicht nur problemlos den Gesang aller anderen Vögel zu imitieren. Mit Leichtigkeit ahmt er auch täuschend echt Geräusche von Kettensägen nach, die gerade einen Baum fällen (natürlich inklusive des Geräuschs des fallenden Baums) oder auch das Klicken einer auslösenden Fotokamera. Einem Lyrebird namens Chook, Publikumsliebling im Zoo von Adelaide, gelang es sogar, das Hämmern und Schweißen auf einer Baustelle und einen Lastwagen im Rückwärtsgang täuschend echt nachzumachen.

Vor allem aber liebe ich das Schnabeltier, ein Wesen, das mich immer wieder völlig in Erstaunen versetzt und das sehr gut als Mischung zwischen Schuhlöffel und Biber durchgehen könnte. Der weltweit einzige Vertreter der Ursäuger. Ein *Säugetier*, das Eier legt. Und aussieht wie das Werk eines besoffenen Biologen, der verrückte Comics zeichnet. Das im Englischen *Platypus* genannte und nur in Australien vorkommende, auch *Kloakentier* genannte Wesen brachte selbst Charles Darwin 1836 ins Grübeln, der erstaunt in seine Tagebücher schrieb, hier müssten wohl zwei Schöpfer gleichzeitig am Werk gewesen sein. Die ersten toten Exemplare, die in England auftauchten, wurden für die Arbeit eines genialen Tierpräparators gehalten.

Das Schnabeltier, das aufgrund seines ausgeprägten Entenschnabels so genannt wird, hat keine Zähne, sondern nur kräftige Hornplatten, die als Kauleisten dienen. 2013 entdeckten Forscher zum ersten Mal auch jahrtausendealte riesige Schnabeltierskelette mit Reißzähnen. Harmlos sind allerdings auch die heutigen Tiere nicht. Sie zählen zu den ganz seltenen *giftigen* Säugetieren! Männliche Tiere haben am Knöchel Giftsporne, die für Menschen zwar nicht tödlich, aber äußerst schmerzhaft sind.

Für mich zählen die Schnabeltiere zu den erstaunlichsten Tieren überhaupt. Sie können monatelang in Kältestarre verfallen, der Penis des Männchens ist vorn gespalten und dient ausschließlich dem Samenerguss, und bei den Weibchen, die keine Brustzitzen haben, ergießt sich die Milch aus zahlreichen Drüsen einfach über das Fell am Bauch, wie ein kleiner Wasserfall oder eben ein Milchfall. Die Kleinen müssen dann zusehen, wie sie die Milch aus dem Fell zuzeln.

Zur Paarungszeit schnappen sich die Männchen mit ihrem Löffelschnabel den Schwanz eines Weibchens, schwimmen tagelang mit ihm tanzend im Kreis herum, bis das Weibchen schließlich völlig erschöpft ist und wohl oder übel der Paarung zustimmt.

Nervig, giftig & gefährlich

Mein liebstes deutsches Tier ist die Steinlaus von Loriot. Das Tier, das sich angeblich im häuslichen Mauerwerk versteckt, ist zwar völlig frei erfunden, hat aber sogar einen (Scherz-) Eintrag im medizinischen Fachbuch *Pschyrembel*. Als *stone louse* (*syn. Petrophaga lorioti*) ist der sympathische Käfer mit Knollennase daher auch in der englischsprachigen Welt bekannt.

Das australische Pendant dazu ist der *drop bear*. Wenn Sie in Australien gefragt werden, was das denn sei – und ich garantiere Ihnen, Sie *werden* in Australien danach gefragt –, dann lassen Sie sich nicht reinlegen. Diesen Bären gibt es gar nicht. Aber es wäre doch schön, wenn man die lateinische Bezeichnung parat hätte. Dann könnte man diesen populären australischen Scherz sofort parieren. Also: Der wissenschaftliche Name lautet *Thylarctos plummetus*. Denn auch wenn dieser Beutelbär ein reines Phantasieprodukt ist, wird er doch offiziell im Katalog des Australischen Museums in Sydney unter *Australian fauna* geführt. Nach Angaben der dortigen Forscher kann der *drop bear*, der sich in Eukalyptusbäumen versteckt, sehr deutlich zwischen Touristen und Einheimischen unterscheiden. Wahrscheinlich macht er das über die Sprachwahrnehmung, denn Menschen mit australischem Akzent werden verschont. Und so stürzt sich der schäferhundgroße, mit einem struppigen orangefarbenen Fell ausgestattete Baumbewohner mit seinen langen Krallen ausnahmslos auf ahnungslose Touristen – und verspeist sie.

So viel zum sympathischen Wolperdinger der australischen Mythenwelt. Doch vor dem *drop bear* braucht man sich genauso wenig zu fürchten wie vor der ganz realen, aber harmlosen, weil nicht giftigen Riesenkrabbenspinne, der *huntsman spider.* Richtig giftige Spinnen pflegen auf der anderen Seite der Welt ihr typisch australisches Understatement und kommen klein und unscheinbar daher. Ebenso wie die nervigen *meat ants,* die vor allem bei männlichen Wanderern äußerst unbeliebt sind. Es ist wirklich beachtlich, mit welcher Kraft und Leidenschaft sich diese Tiere in zarthäutigen, sehr schützenswerten Körperregionen festbeißen können.

Zum Fressen gern

Fragt man die Australier, welches dieser Tiere ihnen selbst am meisten auf die Nerven geht, so ist die Meinung einhellig: die Cane Toad, die giftige Aga-Kröte. Vor fast hundert Jahren als Hilfe gegen die Schädlinge der Zuckerrohrfelder bei Cairns eingeführt, hat sich diese Plage mittlerweile bis nach Westaustralien ausgebreitet. Fast jeder Fressfeind der Kröte muss sterben, wenn er in Kontakt mit den giftigen Drüsen der Aga-Kröte kommt, selbst Krokodile. Viele Tiergattungen sind in den letzten Jahrzehnten fast verschwunden, wie Warane und Beutelmarder. Allein einige clevere Vögel haben gelernt, dem Gift der Kröte aus dem Weg zu gehen, indem sie die Cane Toad auf den Rücken drehen, bevor sie sie verspeisen.

Der Vorschlag des Abgeordneten Dave Tollner, auch unkonventionelle Tötungsarten für die Kröte wie das Erschlagen mit Cricket- und Golfschlägern zu legalisieren, zeigt, wie verhasst diese vom Menschen eingeführte Plage inzwischen ist.

Touristen brauchen nicht besorgt zu sein. Für den Menschen ist das Gift der Aga-Kröte nur gefährlich, wenn es verschluckt wird.

Auch von Schlangen und Spinnen droht keine ernste Gefahr. So ist seit 1979 kein einziger Mensch mehr am Biss einer Spinne gestorben. Zwar macht es mächtig Eindruck, wenn immer wieder betont wird, die Trichternetzspinne befinde sich unter den Top Ten der giftigsten Spinnen der Welt. Aber erstens kommt die *Funnelweb Spider* nur im Großraum Sydney und in Brisbane vor, und zweitens kennen selbst die meisten Sydneysider das scheue Tier nur aus dem Fernsehen oder dem Terrarium im Zoo.

Die sehr kleine *Redback Spider*, die Rotrückenspinne, ist ebenfalls selten, und auch bei ihr gibt es keine menschlichen Todesfälle mehr, seitdem es ein Immunserum gegen ihre Bisse gibt. Übrigens ein sehr interessantes Tier, das dem postkopulatorischen Kannibalismus huldigt und dessen Jungtiere sich ebenfalls zum Fressen gern haben.

In Australiens großen Städten, vor allem in Sydney, werden spezielle Kurse angeboten, in denen man lernen kann, was im Fall einer Begegnung mit giftigen Spinnen zu tun ist. Im Lehrgang: »Wie ich es vermeide, Spinnen zu begegnen« lautet die erste Grundregel: Achtsamkeit. Ein buddhistischer Grundsatz, den in Australien bereits Schulkinder verinnerlicht haben.

Gleich vor der Haustür lauert die Gefahr, weil dort abgestellte Schuhe oder Briefkästen schnell zu möglichen Schlafplätzen von giftigen Spinnen und Schlangen werden. Wer sich in Australien als Gärtner betätigt, sollte seine Arbeitshandschuhe vorab inspizieren, und Badende sollten zurückgelassene Kleidung nicht einfach in die Wildnis legen.

Von toter Schlange gebissen

Kleine, auch noch so giftige Spinnen schaffen es in Australien nur selten auf die Titelseite der Zeitung. Wöchentlich hingegen kann man im Innenteil spektakuläre Geschichten über Schlangen lesen. Und fast immer ist auch ein aussagekräftiges Foto mit dabei. Bei meinem letzten Aufenthalt hatte eine Pythonschlange versehentlich ein Hundekissen verschlungen. Ein bizarres Bild, das man so schnell nicht wieder aus dem Kopf bekommt. Es sah etwa so aus wie die Schlange im Buch *Der kleine Prinz,* die einen Hut verspeist hat. Kleintiere, die angeleint aufs Frauchen warten, verschwinden mitunter auf makabre Weise, und der Grabpfleger Jake Thomas wurde gar von einer toten Schlange in die Hand gebissen!

Thomas hatte eine rotbäuchige Schwarzotter in einer Vase auf einem Grabstein entdeckt und sie sicherheitshalber mit der Gartenschere in zwei Teile geschnitten. Als er nach einer Dreiviertelstunde zurückkehrte, um die Schlange zu entsorgen, griff er in die Vase, und die Schlange schnappte zu. Jake hat es zwar überlebt, trotzdem sollte man tote oder vermeindlich tote Schlangen niemals unterschätzen, so jedenfalls die ermahnenden Worte der Kuratorin eines Reptilienparks. Schlangen behalten ihren Beißreflex und können bis zu eine Stunde nach ihrem Tod noch giftig sein. Wer »tote Schlangen« zur Kontrolle mit dem Fuß ankickt, sollte gute Schuhe oder Reflexe haben. Aber am besten lässt man es ganz sein.

Ist man von einer Schlange gebissen worden, darf man die Wunde keinesfalls aussaugen, ausbrennen, aufschneiden oder *reinigen,* wie man es mitunter in Abenteuerfilmen gesehen hat. Am besten sind eine feste Bandage (aber bloß nichts abbinden!) und der schnelle Weg zum Arzt. Ein Fotobeweis wäre ideal, um das Tier schnell identifizieren zu können. Alle australischen Ärzte und Krankenhäuser verfügen über Antiseren.

Durchschnittlich kommen in *Down Under* pro Jahr nur etwa zwei Menschen durch Schlangenbisse ums Leben. Wirklich wenige, wenn man bedenkt, dass allein das Gift einer einzigen *fierce snake* (Inlandtaipan) über zweihundert Menschen oder 250 000 Mäuse töten könnte. Diese giftigste Schlange der Welt taucht aber in den Statistiken fast nie auf, da sie in einem überwiegend unbewohnten Gebiet vorkommt.

Vom giftigsten Tier Australiens, dem Steinfisch, ist seit 1915 ein einziger Todesfall registriert. Pro Jahr stirbt in Australien ein Mensch durch Würfelquallen (*box jellyfish*). Etwa zwei Menschen sterben durchschnittlich pro Jahr durch Haiattacken, zwei durch Krokodile, zwanzig Menschen bei Reitunfällen, und zehn Menschen pro Jahr überleben den Stich der europäischen Honigbiene nicht.

Wie langsam wissenschaftliche Erkenntnis sein kann, zeigt sich an der seit über dreißig Jahren verbreiteten Auffassung, Essig helfe gegen Würfelquallen. Überall an den Stränden Australiens findet man gelbe Warnschilder und Kästen mit *vinegar*. Tatsächlich lösen sich die Tentakel von der Haut, wenn man Essig anwendet. Jedoch hat man im April 2014 festgestellt, dass die giftigen Stacheln, die bereits in den Körper eingedrungen sind, auf Essig mit vermehrter Giftausschüttung reagieren. Und dies kann zu Herzstillstand und Atemlähmung führen.

Die verzweifelte Sehnsucht weiblicher Fliegen

Auf der alten Handelsroute der Aborigines, dem Oodnadatta Track, staunt man nicht schlecht über die Vielzahl der Wasserquellen. Wir sind auf dem Weg nach Marree und machen eine Pause im Schatten neben den alten Bahngleisen am Coward Springs Campground. Eine Tannenzapfenechse hat ihre typischen Schlangenlinien in den Sand gemalt. Es ist noch ein gutes Stück bis zum längsten Zaun der Welt, der – nebenbei bemerkt – errichtet wurde, um einer Kaninchenplage biblischen Ausmaßes Herr zu werden.

1859 hatte ein Farmer aus Victoria den fatalen Fehler begangen, 24 Kaninchen freizulassen, weil er dachte, die flauschigen Tierchen könnten keinen großen Schaden anrichten. Was er nicht wusste: Anders als in Europa haben die Kaninchen in Australien keine natürlichen Feinde und vermehrten sich folglich ungehemmt. Letzte Rettung brachte da der *Rabbit-Proof-Fence*, den eine königliche Kommission 1901 in Auftrag gab und der auch heute noch von Nord nach Süd durch Westaustralien führt.

Kaum hat man sich zum Picknick gesetzt, sprühen winzige schwarze Fliegen aus einer Bodenspalte der Halbwüste. Die Wolke schwirrt hinüber zu einem Keil gleißenden Sonnenlichts. In unserer Ausflugsgruppe sehen alle aus wie Bienenzüchter. Die kurz zuvor erworbenen Imkerhüte sind ein völlig misslungener Versuch, das Prinzip des Fliegengitters auf die Kleidung zu übertragen. Ein Engländer steht verdutzt an einem Baum, hat eben eine der winzigen Buschfliegen eingeatmet. Gleich wird er in einen wilden Husten verfallen, als ob er sterben müsste.

Tags darauf im Hotel sehe ich eine Liveschaltung ins australische *hinterland*. Die tapfere Kommentatorin des Fernsehsenders ABC 1 klammert sich am Mikrofon fest und fuchtelt mit ihrer freien Hand wild vorm Gesicht herum. Im Studio spottet der Sprecher, spricht vom *Australian Salut*, dem australischen Gruß, wie das einhändige Handwedeln zum Fliegenvertreiben auch genannt wird, und vom verzweifelten Versuch der Fliegen, in der Trockenheit der Halbwüste etwas Feuchtigkeit zu finden. Das sei der Grund, warum die Buschfliegen sich massenhaft auf Augen, Nasenlöcher und Mundhöhlen stürzen. »Also bitte den Mund schließen, liebe Kollegin, sonst fliegen die Blowies hinein«, rät der sehr uncharmante Studiosprecher der Journalistin am Ende.

Als ich selbst von einem penetranten Schwarm Fliegen heimgesucht werde, die sich auf meine Augen stürzen und in alle Öffnungen meines Gesichts dringen wollen, kommen mir

Zweifel. Sind die Buschfliegen wirklich nur auf der Suche nach Feuchtigkeit, wie immer wieder behauptet wird? Neben mir gibt es einen kleinen Tümpel. Wieso fliegen die Plagegeister nicht instinktiv zum Wasserloch, sondern in mein Gesicht?

Als die Queen mal wieder in Australien zu Gast war, lag eine Angstwolke über den Veranstaltern, denn sie waren mit der Aufgabe betraut, eine Gartenparty im Freien nahe einem wasserglänzenden See ohne die zweifellos nervigsten, zudem nicht explizit eingeladenen australischen Gäste zu veranstalten. Man beauftragte eigens zwei Entomologen, die ihr insektenkundiges Wissen für Monate ganz in die Entwicklung eines fliegenabweisenden Royal Sprays steckten.

Zwar kennen Aborigines seit Jahrtausenden ein gutes Rezept gegen Fliegenplagen, nämlich die Körperbemalung mit kräftigen Ockerlehmfarben. Doch dieser «Schutz» kam für die Königin nicht infrage.

Bereits beim ersten Besuch der Queen 1963 hatte man ein eigenes, angeblich nichttoxisches Fliegenspray entwickelt. Heute ist diese wunderbare Erfindung namens Aerogard eine große australische Marke und mehrere Millionen Dollar wert. Doch mitten im Outback ist das Spray ziemlich wirkungslos.

Die Imkerhüte unserer Gruppe erweisen sich leider als etwas unpraktisch, wenn man essen möchte. Hebt man das Fliegennetz an, besteht sofort die Gefahr, dass ein Geschwader Buschfliegen davon Wind bekommt und einem ins Gesicht rauscht.

Ein Guide erzählt uns von fliegenabweisenden Hüten mit rund um die Krempe herabhängenden Korken, die bei jedem Schritt hin- und herschaukeln. Das soll die Fliegen davon abhalten, einem sofort ins Gesicht zu stürzen. Mich würde so ein Korkenhut nur noch nervöser machen als die Fliegen. Obendrein ist die Frage noch nicht geklärt: Warum lieben diese kleinen Viecher ausgerechnet die Augen, die Nase und den Mund so sehr?

Auch unser Guide wiederholt die übliche Erklärung, die *blowies* seien in der trockenen Hitze halt auf der Suche nach einem kleinen Drink. In Wahrheit sind es jedoch ausnahmslos Weibchen, die einen umschwirren, und alle sind sie auf der verzweifelten Suche nach Protein. Weibliche Zweiflügler haben sehr unterschiedliche Strategien, um an dieses Protein zu kommen. Die in Australien und Neuseeland schlicht *sandflies* genannten Tiere zapfen den Menschen einfach etwas Blut ab. Ein Grund, warum man sie auch immer mal wieder als dunkle Wolke auf einem Grillfest erleben kann. Auch wenn sie *sandflies* genannt werden, sind es im Gegensatz zu den *bushflies* jedoch keine Fliegen. *Sandflies* sind Mücken, genauer gesagt – Stechmücken.

Und warum suchen die weiblichen *blowies* nun all dieses Protein? Sie brauchen es, um ihre Eierstöcke und Eier auszubilden, und ausgerechnet in unserer Nasen- und Mundschleimhaut sowie in unserer Tränenflüssigkeit gibt es genug davon.

Sportlich: Cricket, Surfen, Bumerang

Wer die sportverrückten Australier kennt, dem fallen neben Rugby, Cricket und Aussie Football sicherlich noch einige andere Sportarten ein, die *Down Under* zelebriert und teilweise weltweit ausgestrahlt werden. Das höchstdotierte Pferderennen der Welt etwa, der Melbourne Cup, der Grand Prix der Formel 1 oder die Australian Open im Tennis. Australien ist aber auch für alle möglichen völlig durchgeknallten Disziplinen gut: So habe ich in einer Sportsbar in Melbourne einen irritierend aufreizenden Sport entdeckt. Neben dem üblichen Cricket und Rugby lief auf einigen Bildschirmen ein Wettkampf, den man als Unwissender vielleicht *Reizwäschefußball* nennen könnte. In einem Land wie Australien, in dem Fairness oberstes Gebot ist, scheint bei diesem Sport überraschenderweise jedes Textilvergehen, also das Zerren, Reißen und Halten am Trikot oder der Hose, durchaus erlaubt zu sein. Früher nannte sich das, was auf dem Bildschirm zu sehen ist und tatsächlich auch von den Frauen im Pub frenetisch bejubelt wird, *Lingerie Football.* Um die Vermarktung anzukurbeln und der Sache einen professionellen Anstrich zu verpassen, firmiert dieser Sport – in dem nur ausnahmslos gut proportionierte Frauen in sexy Unterwäsche, Schulterschutz und Helm antreten dürfen – nun in der LFL, dem australischen Ableger der in den USA und in Kanada populären *Legends Football League.*

Die trotz ihres knappen Outfits martialisch auftretenden Damen folgen in der Pause den heftigen Anweisungen der Trainer. Flüche und derbe Worte werden mit einem akustischen Piepsen vom Sender ausgeblendet. Seriös klingende Kommentatoren geben fachkundig ihre Statements ab, während es auch immer wieder zu aufreizenden Einlagen der Zuschauerinnen am Spielfeldrand und auf der Tribüne kommt. Während die Kamera an ein eigens dafür designtes »Textilfenster« zoomt, um den »Ausschnitt zu vergrößern«, sagt ein Sportsfreund neben mir am Tresen, *Lingerie Football* sei derzeit der Sport mit den höchsten Wachstumsraten – und bei männlichen und weiblichen Zuschauer gleichermaßen beliebt.

Um einen repräsentativen Querschnitt typisch australischer Sportarten zu geben, habe ich drei ausgewählt, die je für ein bestimmtes Element stehen. Surfen (Wasser), Cricket (Erde) und Bumerangwerfen (Luft). Wobei den wellenverliebten Australiern beim Surfen das Element eigentlich schnurzpiepegal ist. Sie surfen so ziemlich überall, wo es nur möglich ist.

Surfboard, Snowboard, Sandboard

Australien ist fürs Surfen geschaffen. Ein Land, in dem selbst Steine so tun, als wären sie Wellen, wie man an der berühmten Rock Wave in Westaustralien sehen kann. Die Gilde der Surfer hat ihre eigene Sprache und Kultur. Diejenigen, die nach dem perfekten *swell*, der besten Welle, Ausschau halten, nennt man in Australien *searcher*. Aufmerksam verfolgen sie täglich die Wellenvorhersage, bei der die Höhe der zu erwartenden Surfwellen bekannt gegeben wird, zumindest für die besten Surfreviere. Man sieht die *searcher* mit ihren farbigen Wohnwagen oft tagelang die Küsten rauf- und runterfahren, immer auf der Suche nach einem guten Kick. Ihre Kombis sind mit unterschiedlichen Surfbrettern und Neoprenanzügen vollgepackt und meist mit allem Komfort ausgestattet. Surfen ist in Australien nicht nur Sport, es ist eine Lebensart, für manche sogar eine Religion.

Verblüffenderweise sehen in Australien sogar die Wolken mitunter aus wie gigantische Meereswellen. Die *Morning Glory Cloud* ist ein weltweit einmaliges Phänomen, bei dem eine Wolke von mehreren hundert Kilometer Länge (aber nur ein, zwei Kilometer Höhe und Breite) langsam auf die Küste von Queensland zurollt. Und was machen die Australier daraus? Sie erfinden einen neuen Sport, in dem Hobby- und professionelle Kunstflieger sich in die *Morning Glory Cloud* stürzen, um in Segelflugzeugen auf den Wolkenwellen zu »surfen«.

Surfhistoriker behaupten, der Sport sei bereits vor Tausenden von Jahren praktiziert worden. Angeblich haben europäische Entdeckungsreisende vor Tahiti zum ersten Mal surfende Menschen gesichtet. Im Jahr 1767 war das. Missionare hätten den Polynesiern dann das Wellenreiten verboten, weil sie es für unchristlich hielten. Für die Australier jedenfalls lässt sich der Tag der Geburt ihres Nationalsports genau datieren. Der Schwimmverband von New South Wales hatte den Hawaiianer Duke Kahanamoku nach Sydney eingeladen, denn bis dahin waren Australier zwar leidenschaftliche Bodyboarder und Bodysurfer, doch niemand von ihnen konnte aufrecht stehend so gut auf den Wellen reiten wie *The Duke*.

Bei einer Vorführung am Freshwater Beach lud der Hawaiianer die 15-jährige Isabel Letham auf sein aus Kiefernholz selbst gefertigtes Longboard ein, und nachdem das Mädchen einige Wellen gemeinsam mit ihm gesurft war, war es, wie sie später sagte, um sie geschehen. Letham gilt heute als die Pionierin des Surfens in Australien.

Stars der Szene haben heute millionenschwere Werbeverträge und zeigen auf ihren Shortboards ihre Künste. Zum Beispiel am berüchtigten Bells Beach. Anfänger sollten mit einem Longboard beginnen und dieses sicherheitshalber mit einer langen Schnur absichern, die zwischen Brett und Fuß befestigt wird. Diese und andere Tricks lernt man natürlich am besten bei einer guten Surfschule. Und dabei sollte man die australische Weisheit der Surfer nicht vergessen: »Du musst manchmal im Leben auch im Schlamm landen, um herauszufinden, wer du wirklich bist.«

Wenn Australier ein Brett unter den Füßen haben, dann scheint es keine Rolle zu spielen, welcher Belag darunter ist. Konsequenterweise musste nach dem Wasser der Surfer, dem Schnee der Snowboarder (die Australier haben sogar einen Weltmeister in diesem Sport!) und dem Asphalt der Skater noch ein Material unter die Bretter, das es in Australien wirklich zur Genüge gibt: Sand. Beim Sandboarding gleitet man ähnlich wie auf einem Snowboard dahin.

Es gibt mittlerweile Professionals, die ausschließlich als Dünenreiter ihr Geld verdienen. Wer einmal wissen möchte, wie es ist, auf Sandwellen zu reiten, kann dies in der »kleinen Sahara« auf Kangaroo Island tun und natürlich auch im größten Dünengebiet Australiens, den über dreißig Kilometer langen Stockton-Bight-Sanddünen, zwei Autostunden nördlich von Sydney.

Cricket

Die Australier sind bekannt für ihr Fair Play. Der Appell »*Give us a fair go, mate*« ist sowohl im Alltag als auch im Parlament immer wieder zu hören – und aus dem Sportbereich nicht wegzudenken. Wohl keine andere Sportart verdeutlicht diese innere Haltung mehr als Cricket. »*Be cricket*« heißt nichts anderes als »fair sein«.

Angeblich ist es ein Sport für Gentlemen. Denn selbst rustikale Haudegen in einer Sportsbar sind entzückt davon und geraten ins Schwärmen, wenn auf einem der Fernsehbildschirme ein *bowler* anmutig den Ball wirft oder einem *batsman* ein raffinierter Schlag gelingt. Gelegentlich sieht man aber auch in den Parks und am Strand junge und alte Cricketfans, die elegante Schlag-, Schwung- und Wurfbewegungen einüben.

Um das überaus komplizierte Regelwerk dieses komplexen Spiels zu verstehen, sollte man am besten in kompetenter Begleitung zu einem Cricketspiel gehen – und sich dabei nicht wundern, wenn dieses sommerliche Event in ein tagelanges Familienfest ausartet. Meine Begleiter John und seine beiden Söhne wechseln sofort in den Sommerfamilienfestmodus, sobald sie das riesige Oval des Melbourne Cricket Ground betreten. Das Spiel, das traditionellerweise fünf Tage lang dauert und seltsamerweise *Cricket Test* heißt, bietet genügend Pausen, in denen mir John die Feinheiten des Regelwerks zu erklären versucht, Pausen, die aber vor allem seinen Söhnen zugutekommen. Während Mutter Annie shoppen geht, verbringt der Rest der Familie einfach viel Zeit miteinander. Cricket, der Nationalsport Nummer eins, ist australisch, frenetisch und strahlend hell. Selbst auf der Tribüne tragen viele Zuschauer sommerlich elegantes Weiß, zumindest so lange, bis Sohn Mike seinen Schokoshake verschüttet.

Bis heute hat der australische Nationalsport Cricket übrigens nicht nur Freunde, sondern auch Kritiker im eigenen Land. »Baseball auf Valium« nennen sie das Rasenspiel, bei dem sich die Pulsrate der Spieler und Zuschauer angeblich nur unwesentlich voneinander unterscheidet und sich immer – *totally laid back* – im unteren Grenzbereich bewegt. Zweiundzwanzig Männer machen sich ihre Trikots über einen Zeitraum von fünf Tagen schmutzig, lautet der zynische Kommentar derjenigen, die das Spiel wohl in der Kindheit nie gespielt haben.

Obwohl ein reguläres, puristisches Cricketspiel nach wie vor fünf Tage dauert, gibt es auch eine neue Variante, die von Kerry Packer, dem Vater des australischen Gambling-Millionärs James Packer, ins Leben gerufen wurde. Nur einen einzigen Tag lang dauert dieses »schnellere Spiel«, das eine geringere Aufmerksamkeitsspanne erfordert und damit zeitgemäßer ist.

Genau so, wie es beim Angeln eigentlich nicht darum geht, wie viele Fische man aus dem Wasser zieht, sondern um das ganze Drumherum, verhält es sich auch beim Cricket: Das Spiel ist meist weniger wichtig als das Sommerfeeling und die Gemeinschaft. BBQ und Bier nicht zu vergessen.

Die größte Leidenschaft packt die Australier beim Länderkampf gegen England, den man nur *The Ashes* nennt. Der legendäre Wettkampf begann 1882, als das Mutterland des Cricket zum ersten Mal eine Niederlage gegen Australien einstecken musste. Eine britische Sportzeitung titelte tags darauf:

In liebevoller Erinnerung an das englische Cricket, das am 29. August 1882 im Oval starb.
Ein klagender, großer Kreis trauernder Freunde und Bekannter.
Ruhe in Frieden.

Der Leichnam wird verbrannt und die Asche nach Australien gebracht werden.

Tatsächlich überreichten die Engländer den Australiern beim nächsten Spiel eine Terrakottaurne mit Asche darin. Eine Urne, die immer noch als Trophäe überreicht wird! Und Cricketfans in Australien spekulieren bis heute darüber, ob in jener ominösen Urne die verkohlten Überreste eines Balls oder eines Cricketstabs liegen – oder ob ein ehemals tränennasser Damenschleier hineingeschmuggelt wurde.

Bumerang

War einmal ein Bumerang;
War ein weniges zu lang.
Bumerang flog ein Stück,
Aber kam nicht mehr zurück.
Publikum – noch stundenlang –
Wartete auf Bumerang.

Joachim Ringelnatz (1883–1934)

Was der Dichter Ringelnatz so schön formuliert hat, kann bei einer Bumerangmeisterschaft in der Disziplin Langzeitflug durchaus passieren. Bei entsprechend gutem Aufwind und leichtem Material schafft es ein Bumerang locker, bis zu drei Minuten lang in der Luft zu bleiben. Oder er verschwindet gar auf Nimmerwiedersehen in den Wolken. Letzteres war natürlich nicht von den Erfindern vorgesehen. Denn die Aborigines, die leider viel zu selten als Pioniere der Aerodynamik bezeichnet werden, hatten einen Bumerang konstruiert, der wieder zurückkehrt. Übrigens bereits vor 20 000 Jahren.

Allerdings war dabei kein sportlicher Ehrgeiz im Spiel. Der Bumerang war ursprünglich vor allem ein Jagdinstrument, bei dem die Werfer Vögel wie die Spaltfußgans aus ihrem Nest in Ufernähe aufscheuchten. Die Helfer zogen dann ein Netz hoch, das sie zwischen zwei Bäumen aufgespannt hatten, damit sich die Gänse darin verfingen. Dunkle Wurfgeräte wurden gezielt für die Jagd auf Enten eingesetzt, die den Bumerang für einen Greifvogel hielten. Praktisch und clever: ein Wurfholz zu haben, das über dem Wasser wieder umkehrt und in die Hände des Werfers zurückfliegt.

Je nach Region sehen Bumerangs völlig anders aus als das symmetrische, gleichschenklige Stück Holz, das die meisten kennen. Im Australian Museum in Sydney habe ich allein über fünfzig verschiedene Bumerangformen gezählt. Massive Jagdbumerangs, sogenannte *throwsticks*, wurden zum Erlegen von Emus oder Kängurus eingesetzt, kleine und schnelle zur Vogeljagd. Es gab bereits damals Bumerangs, die überhaupt nicht so aussehen, wie man sich das üblicherweise so vorstellt. Auch solche mit scharfen Enden, die zum Zerteilen der Beute eingesetzt wurden.

Mittlerweile hat sich das Bumerangwerfen in Australien auch als Sport durchgesetzt. Verschiedene Disziplinen wie das Trickfangen, das Ausdauerfangen oder der *fast catch* erfordern jeweils völlig andere Wurftechniken und Bumerangs. Es gibt Vierflügler, die geübte Sportler weit über einhundert Meter weit werfen können. Der aktuelle Weltrekord (Sommer 2014) in der Disziplin *long distance* wird von dem Schweizer Manuel Schütz gehalten und liegt bei 238 Metern. Die Königsdisziplin aber erweist dem Herkunftsland dieses Wurfgeräts die Ehre und nennt sich *Aussie round* oder Australische Runde. Dabei muss man den Bumerang mindestens fünfzig Meter weit werfen, und er sollte dann in möglichst eleganter und optimaler Kurve zum Werfer zurückkehren. Gewertet werden Genauigkeit, Weite und Fangtechnik. Der aktuelle Rekordinhaber in dieser Disziplin ist der Deutsche Fridolin Frost.

Gourmet & Wildfood

»Die ganze Welt war wie eine Auster für mich, doch ich benutzte die falsche Gabel.«

Oscar Wilde

Häufig sind es die Sehnsüchte des Gaumens, die in australischen Ortsnamen verewigt sind. Oder in der Bezeichnung von Buchten und Bergen. Ich stelle mir durstige Entdecker vor, die heiße Wüsten durchquert haben, dann mit dem Schiff nach Tasmanien übersetzten und ihre kulinarischen Gelüste auf die dortige Bergwelt projizierten. So wohl geschehen mit den *Milkshake Hills*. Ähnlich ist auch der Name der *Wineglas Bay* auf der Cygnet-Halbinsel südlich von Hobart zustande gekommen. Die Bucht, so erklärte man mir, habe eben die runde Form eines Weinglases. Und der traumhafte *Peppermint Grove Beach* wurde nach dem Pfefferminzbaum benannt.

Sehr verzweifelt allerdings muss der Entdecker gewesen sein, der am *Lake Disappointment* ankam. Weil der See sich nicht als Süßwassersee, sondern nur als Salzsee entpuppte, nannte er ihn schlicht »See der Enttäuschung«. Zu welcher Tageszeit einer Bucht in Tasmanien der Name *Egg and Bacon Bay* verliehen wurde, kann man sich denken. Es wird *Brekkie Time* gewesen sein, als der Magen des Entdeckers knurrte. Frühstückszeit.

Brekkie & Flat White

Früher gab es in Australien bereits zum Frühstück das, was man als *stogy food* bezeichnet. Gehaltvolles, fettes englisches Essen, das vorwiegend aus in Butter geschwenktem Fisch, Bohnen und Speck bestand. Auf nüchternen Magen wurden riesige Portionen verspeist, die ursprünglich einmal für die Bergleute Mittelenglands gedacht waren, die morgens für zehn Stunden in die Kohlegruben hinabstiegen und die volle Tagesration an Kalorien mit hinunternehmen mussten. Ein überaus gehaltvolles Essen, das die frühen englischen Siedler mit ans andere Ende der Welt brachten und auch im tropischen Klima der Südseeinseln zu sich nahmen.

Wer heute die kulinarische Vielfalt betrachtet, kann sich leicht überfordert fühlen. Zwar gibt es die deftigen Gerichte zum Frühstück immer noch – allen voran Eggs Benedict, die pochierten Eier auf Röstbrot. Doch ist die Küche in Australiens Küstenstädten heute vor allem durch Migranten geprägt. Schon frühmorgens duftet es beim Vietnamesen im Sydneyer Stadtteil Fairfield nach Koriander und Minze. Man sieht Asiaten und Australier lebhaft über Cricket debattieren, während sie heiße Pho schlürfen – eine Hühner- oder Rindfleischsuppe, die auf den französischen Eintopf namens *Pot-au-feu* zurückgeht. Amerikanische Hamburger-Kultur wird durch eine rebellische, saftige Rote-Beete-Scheibe verfeinert, die längst aufgrund ihrer widerspenstigen Eigenschaften australischer Kult geworden ist. Oh ja, sie flutscht natürlich heraus aus dem Burger, und den roten Fleck auf dem Shirt trägt man, zumindest in der entsprechenden Werbung, stolz wie einen Orden.

Dort, wo ein wenig Lifestyle angesagt ist, fordert das Karussell der Gesundheits- und Diätküche stete Aufmerksamkeit. Bereits im Supermarkt bekommt man problemlos speziellere Leckerbissen: Falafel mit Linsen-Tabouleh oder Pesto-Risoni mit Feta, abgepackt als kleine Menüs. Und war bis vor Kurzem Quinoa mit Büffelmozzarella in aller Munde, geht die Tendenz nun zum Freekeh als Beilage, einer arabischen Grünweizenvariante. Die paläolithische (sprich: altsteinzeitliche) Küche, in Australiens Großstädten kurz und knapp *Paleo* genannt, ist dort derzeit absolut angesagt. Und glutenfrei muss es natürlich sowieso sein.

Beim Einkauf im Supermarkt wird man übrigens schnell merken, dass es neben dem für mich süchtig machenden Iced Coffee in der Großpackung ziemlich viele fremdartige Milchsorten gibt, wobei man die Fettangabe sehr trickreich gestaltet. *95 percent fat free* klingt wahrscheinlich für Australier besser als: 5 Prozent Fettanteil.

Italienische Einwanderer haben die Leidenschaft für den Kaffee ins Land gebracht. Während es früher üblich war, sich zu einem Geschäftsessen in einer Bar zu treffen, geht man nun mit Kollegen oder Kunden lieber in ein Café. Besonders stolz sind übrigens die Melburniens auf ihre Kaffeekünste. Adelaide wäre gern stolz darauf, nur leider reicht die Qualität ihres Wassers nicht aus, und so konzentriert man sich dort in South Australia eher auf die wunderbaren Erzeugnisse der nahen Weintäler.

Längst hat Australien eigene Barista-Weltmeister, die sich einen harten Wettbewerb in der Kaffeezubereitung mit ihren neuseeländischen Kollegen liefern. Wie man im wilden Alltag erleben kann, sollten diese Kaffeekünstler wohl am besten auch noch Gedächtnisweltmeister sein. Ich staune immer wieder, wie gut sich mein Barista merken kann, was seine Stammkunden so wünschen, sei es nun ein *long black*, ein *strong flat white* oder gar ein *decaf-soy-latte* (entkoffeinierter Kaffee mit Sojamilch). Oder, ganz einfach zu merken, ein *babyccino*, ohne Kaffee, nur mit Milchschaum für die ganz Kleinen.

Kultpaste Vegemite

Mancher Tourguide macht sich einen Spaß daraus, zum Frühstück die Gesichter der Touristen zu beobachten, die das berühmte Vegemite tatsächlich nicht kennen und es für Streichschokolade halten. Der intensive malzig-salzige Hefegeschmack ist nicht jedermanns Sache. Und auch die zähe, teerartige Konsistenz, die manchen eher an ein Dichtungsmittel oder einen Schmierstoff aus der Ölverarbeitenden Industrie denken lässt, ist mehr als gewöhnungsbedürftig.

Doch all das hält die Australier und die australische Diaspora weltweit nicht davon ab, sich den konzentrierten Hefeextrakt millionenfach auf den zuvor gebutterten Frühstückstoast zu schmieren. Vegemite ist Kult, und es käme einem Landesverrat gleich, würde sich ein Aussie dem in Großbritannien hergestellten und auch in Neuseeland erhältlichen Konkurrenzprodukt Marmite zuwenden.

Der Hauptbestandteil der dunklen Aufstrichpaste, die Bierhefe, ist ebenso wie Penicillin die rein zufällige Entdeckung eines Chemikers. Bierhefe ist ein Abfallprodukt beim Brauen, was die Liebe der Australier zum Produkt sicherlich eher befördert. Private Studien haben bewiesen: Je früher ein australisches Baby an den Hefegeschmack herangeführt wird, desto größer ist die Wahrscheinlichkeit, der dunklen Paste auf ewig zu verfallen.

Wer noch niemals Vegemite probiert hat, sollte es sehr dünn (und ich meine *sehr, sehr* dünn) auf eine frisch aufgeschnittene Avocado streichen. Alternativ kann man es auch auf eine Scheibe tasmanischen Bergkäse schmieren, auf den dann wiederum eine frische Avocado gelegt wird. Diese Kombination wird auch von den Feinschmeckern in Australien empfohlen, und die haben immerhin jahrzehntelange Erfahrung, wie man dieses Nationalheiligtum anwenden und dosieren sollte. Wer sich bereits auf unserer nördlichen Halbkugel an den intensiven Vegemite-Geschmack gewöhnen möchte, sollte ins Reformhaus gehen und sich mit Vitam-R eindecken.

Die Wächter der Flammen

Das wirkliche Nationalgericht Australiens, sagte man mir, bestehe aus genau sieben Gängen: aus einer gefüllten Pastete – *pie* genannt – und einem Sixpack Bier. Ein netter Scherz, aber wahrscheinlich würde es ausreichen, als Nationalgericht einfach Barbecue zu sagen oder etwas weniger formell *Barbie* – abgekürzt BBQ.

The Keepers of the Flames heißt eine Barbecue-Sendung im australischen Fernsehen. Eine tiefe, maskuline Stimme verkündet dort reißerisch im Vorspann: Was wollen Männer mehr außer Feuer, Kohlen und Fleisch? Einen Planwagen vielleicht und etwas Neo-Country-Musik, so könnte man meinen, wenn man die Sendung weiter verfolgt. Doch die Wildwestromantik bildet nur die Kulisse, vor der die große, die eigentliche Liebe australischer Männer richtig in Szene gesetzt wird: die Liebe zum Grillen.

Am schönsten ist Barbecue natürlich direkt am Strand. Wer erleben möchte, wie ein edles Beach-Barbecue heute zelebriert wird, sollte unbedingt im November das *Margaret River Gourmet Escape* in Westaustralien besuchen. Das Grillen für Genießer sieht dann so aus: Man sitzt am schneeweißen Smiths Beach im Strandkorb, genießt die frische Meeresbrise des Indischen Ozeans und schlemmt frisch gegrillte Meeräschen (*sea mullets*), die mit Tamarindenpaste umhüllt und mit Lemongras verfeinert wurden. Natürlich kommen auch gewürzte Garnelenspieße auf den Grill.

Der alte Spruch, der immer wieder gern zitiert wird – *throw another shrimp on the barbie* –, stammt übrigens aus der Urzeit, als Crocodile Dundee Paul Hogan noch Werbung für Shrimps machte. Die Aussies sagen eher *prawn*. Denn *shrimp* erscheint ihnen einfach zu mickrig – auch wenn sie sonst die Verniedlichungsform ja lieben.

Fast überall, wo man Buchten, Seen, Bäder oder Rasenflächen findet, gibt es auch öffentliche Plätze, an denen das Grillen erlaubt ist. Man bringt die eigene Rinderwurst oder das Lammsteak mit und übergibt es einem sogenannten *grill master*. Dem Chef an der Grillplatte. Denn Barbecue in Australien ist ausnahmslos Männersache. Fleisch wird meist *well done* gegrillt, also richtig gut durchgebraten. Rotes Fleisch kommt bei Australiern sehr selten auf den Teller. Wer sein Fleisch *raw* oder *medium raw* genießt, kann eigentlich nur ein Tourist sein.

Holzkohlengrills sind während der heißen, trockenen Sommermonate tabu. Stichwort: Brandgefahr. Allein Gasbrenner sind erlaubt, was bei öffentlichen Grillstellen schnell zu einem Wettlauf um die besten Plätze führt. Und so ein Gasgrill kann als männliches Statussymbol bisweilen die Größe einer kleinen Dampflokomotive erreichen, locker 20 000 Dollar kosten und Funktionen haben, die man eher an einem Motorrad vermutet hätte. Trotz riesiger Ablageflächen und Wärmeplatten, Schalldämpfern und Geflügelaufsätzen ist und bleibt aber das wichtigste Utensil an einem guten Barbecue-Gerät der fest an den Grill angeschraubte und auch im tiefsten Vollrausch bestens auffindbare Flaschenöffner.

Falls man zu einem Barbecue eingeladen wird, sollte man rechtzeitig herausfinden, ob *BYO*, also *bring your own*, angesagt ist. Das würde dann bedeuten, man müsste sein eigenes Fleisch mitbringen. Wenn *bring a plate* erwartet wird, sollte man – so der alte Anfängerfehler – keinesfalls nur einen leeren Teller einstecken. Gemeint ist vielmehr ein gefüllter Beilagenteller, am besten mit frischen Salaten. Auch Anklopfen ist zum Barbie-Abend verpönt, denn das würde ja bedeuten, man hätte noch eine Hand frei – und würde nichts mitbringen.

Känguru kommt übrigens fast nie auf den Grill, das Fleisch mögen Aussies nicht so sehr. Aber beim Pizza-Lieferservice schaut man nach ein paar Gläsern Bier nicht mehr so ganz genau hin und ist, was Beuteltierauflagen angeht, toleranter.

Die wahren Wächter der Flammen, die Aborigines, praktizieren eine wesentlich ältere Methode des Barbecues. Als Gast eines Ngarluma-Festmahls am Karratha Beach (WA) hatte ich Gelegenheit, marinierte Krokodil- und Känguruhäppchen zu probieren. Ein Genuss. Das wahre Essen der Wildnis hingegen hat mir weniger imponiert: Aus dem Holz geklopfte Maden sind einfach nicht mein Fall, auch wenn sie angeblich Sesam- und Erdnussaromen entfalten, sobald man sie röstet. Wesentlich besser hat mir da ein mit wilden Tomaten (schmecken säuerlich wie rote Weintrauben) und Wüstenfeigen gewürztes Stück Emufleisch geschmeckt. Die Zubereitung war höchst traditionell: In einem Erdofen wurde zunächst ein *yaban* erhitzt, ein sogenannter Kochstein, der dann glühend heiß in den Magen des Emus gelegt wurde. Auf diese Art wird das Fleisch bei den Aborigines auch von innen gebraten. Sie streuen heiße Asche, die *mirriny,* darüber und überlassen das Fleisch dann sich selbst.

Im Schlemmerland Südaustralien

Seit 140 Jahren gibt es sie nun bereits, die größte Markthalle der südlichen Hemisphäre in Adelaide. Bei jedem Besuch bleibe ich regelmäßig an Ständen mit tasmanischem Cidre oder neuerdings auch am Mett- und Bratwurststand hängen. Als nämlich die ersten Deutschen sich in Australien in der Gegend um Adelaide und den nahen Weintälern angesiedelt haben, waren auch Metzger aus der Pfalz und Bayern darunter.

Die Stadt Adelaide ist übrigens nach der Deutschen Adelheid von Sachsen-Meiningen benannt, der Ehefrau des britischen Königs Wilhelm IV. Ein weiterer deutscher Bezug. Die ersten deutschen Siedler fühlten sich von Südaustralien und den fruchtbaren Hügeln rund um Adelaide seit jeher besonders angezogen.

Natürlich kennt man in der Markthalle *pretzels* (sic), Schwarzwälder Kirschtorte und Bienenstich. Einige wissen sogar, was ein Sauerbraten ist. Aber am allermeisten verstehen die Adelaider vom Rebensaft. Schließlich liegen die schönsten australischen Weintäler nur eine Stunde entfernt. Vor einer Fahrt in die nahe gelegenen Weinregionen des Barossatals und des McLaren Vale sollte man allerdings die hervorragende Wine Library in der Bibliothek in Adelaide besuchen. Selbstverständlich die größte Weinbuchsammlung der südlichen Erdhalbkugel und eine der besten der Welt, wie mir ein weinverrückter Bibliothekar erzählte, der die Sammlung verwaltet. Auch ein Besuch im National Wine Centre of Australia ist äußerst lohnenswert. Man findet diese architektonische Augenweide und »Weinuniversität« in der Nähe des Botanischen Gartens in Adelaide.

Auf dem Weg in die Weintäler lohnt ein kleiner Abstecher nach Hahndorf, der ältesten deutschen Siedlung in Australien. Ein kleiner, etwas künstlicher, aber dennoch idyllischer Ort in den Hügeln, den es seit 1839 gibt und in dem die Estin Anni Luur Fox aufopferungsvoll und ausschließlich mit eigenen Mitteln das erste Haus deutscher Siedler im Ort rekonstruiert. Man findet Anni, die auch ein lesenswertes Buch über den Ort geschrieben hat, gleich links neben der kleinen Dorfkirche.

In den 1960er-Jahren pflanzte man im Barossa Valley vor allem anspruchslose Weinreben an. In den von deutschen Siedlern geprägten Dörfchen importierte man die gerade in Mode gekommenen kleinen Barriquefässer und produzierte bevorzugt auch süße Weine. Australische Weine trugen damals

Namen wie Kaiserstuhl, Liebfraumilch oder Sparkling Rheingold.

Heute genießt die australische Weinkultur international hohes Ansehen. In der Region nördlich von Adelaide gibt es über 150 Jahre alte Weinstöcke, die zwar weniger Trauben pro Rebstock erbringen, aber im Geschmack intensiver sind. Das sonnige Klima sorgt für außergewöhnlich opulente, fruchtige Aromen. Australier lieben Shiraz. Sie lieben Weine mit samtener Textur und reichen Fruchtnoten. Opulenz, die nicht schwerfällig, dafür aber leicht zugänglich ist. Die Weingüter St. Hallett und Peter Lehmann im Barossa Valley bieten solche Weine. Immer wieder finden sich köstliche Weine mit dichten Brombeer- und Kirschnoten darunter. Aus anderen schmecke ich Töne von Lakritze heraus und auch solche mit typisch australischen Aromen wie Eukalyptus.

Meine Lieblingsweine finde ich überall dort, wo man auf kleinen Weingütern der Natur seinen Lauf lässt. Die Winzer sprechen hier von ihrem *Garten*. Ohne Chemie und Zusatzstoffe und sogar ohne künstliche Bewässerung kommt zum Beispiel die Redbank Vinery in der Pyrenees-Region in Victoria aus. Und dann das Highlight: die Blind Corner Winery in der Region Margaret River in Westaustralien. Alle sonnenverwöhnten Weine sind hier hand- und fußgemacht, biodynamisch integrierter Anbau auf sanften Hügeln. Den Sauvignon Blanc sollte man am besten jung und frisch genießen. Merlot und Shiraz sind samtig und voll im Geschmack, die Frucht dieser Weine ist harmonisch und tief, gestreichelt mit einer ordentlichen Brise Indischer Ozean.

Am besten bringt man Zeit mit für die Besuche der australischen Weingüter und die Verkostung der Weine. Nur den Korken rauszuziehen und trinken ist bei Weitem zu wenig. Der Wein sollte beim Dekantieren zur Ruhe kommen und der Mensch gleich mit.

Aborigines-Sprachen und Aussie-Slang

»You can go home to die.«

Als James Cook 1770 an der Ostküste Australiens in der heutigen Botany Bay zum ersten Mal auf Aborigines traf, war sein Übersetzer Tupia, den Cook aus Tahiti mitgebracht hatte, nicht in der Lage, deren Sprache zu verstehen. Die Māori im späteren Neuseeland hingegen verstand Tupia bestens, denn das *Te Reo Māori* ist als polynesische Sprache eine enge Verwandte der Sprachen Tahitis. Doch die pazifische Küste dieses neuen südlichen Landes erschien dem Übersetzer und geschickten Navigator wie eine fremde Welt. Zwar fuhren auch hier die Eingeborenen in Kanus zum Fischen, aber es gab weder Palmen noch Kokosnüsse, und die Ältesten der Clans sprachen alles Erdenkliche, auf keinen Fall aber Polynesisch. Obwohl ihre Stimmen, wie Cook in seinem Tagebuch festhielt, weich und wohlklingend waren, verstand niemand ein einziges Wort.

Wie sollten sie auch? Während die Vorfahren der Māori im 13. Jahrhundert auf die neuseeländischen Inseln kamen, lebten die Aborigines bereits seit mehr als 50 000 Jahren auf dem australischen Kontinent – 70-mal so lange. Eine gemeinsame Sprache ihrer Clans und Stämme gibt es nicht und hat es nie gegeben. Als die ersten englischen Schiffe 1788 Australien erreichten, wurden über 250 verschiedene Sprachen dort gesprochen, die sich zum Teil seit Tausenden von Jahren völlig isoliert entwickelt hatten, Wüstensprachen, Steppen-, Regenwald- und Küstensprachen. Wahrscheinlich lebte damals über eine halbe Million Aborigines auf dem südlichen Kontinent. Sie waren in etwa 600 Stammesgruppen unterteilt und kannten, wie Linguisten vermuten, neben all ihren Sprachen noch einmal doppelt so viele verschiedene Dialekte. Von den heute existierenden 150 Aborigines-Sprachen in Australien – von denen viele sich so sehr unterscheiden wie Deutsch und Russisch – sind weit über hundert vom Aussterben bedroht. Und nur zwanzig dieser Sprachen werden überhaupt noch aktiv an die nächste Generation weitergegeben.

Während das *Te Reo Māori* mittlerweile an allen neuseeländischen Schulen als Unterrichtssprache eingeführt worden ist und sogar zur zweiten offiziellen Landessprache neben dem Englischen aufstieg, taten sich die Schulen in Australien lange Zeit schwer damit, die Aborigines-Sprachen mit in den Unterricht aufzunehmen. Aufzeichnungen, mündliche Geschichten, Short Stories und auch Romane der Aborigines – das wunderbare Buch *Wild Cat Falling* etwa – geben eindrucksvoll Zeugnis über den Verlust der traditionellen Sprachen. Man erfährt, wie die Kinder der Aborigines in Missionen verschleppt und ihnen der Mund mit Seife ausgewaschen wurde, sobald ihnen auch nur ein Wort ihrer Stammessprache über die Lippen kam. Zu weiteren Mitteln restriktiver Kultur- und Sprachpolitik zählten Zwangsumsiedlungen, Sterilisation und der Raub von 35 000 Kindern, die als *Stolen Generations* in die australische Geschichte eingingen. Über siebzig Jahre lang wurden junge Aborigines ihren Familien entrissen und zwangsweise in die weiße Gesellschaft integriert.

Viele Forscher und Künstler werfen der australischen Regierung heute noch vor, den Linguizid vieler indigener Sprachen bewusst in Kauf zu nehmen. Dass dieser Sprachtod verhindert wurde, ist vor allem privaten und regionalen Initiativen zu verdanken. Und so werden heute wieder über achtzig Sprachen der Aborigines an australischen Schulen unterrichtet. Zu einer offiziellen zweiten Landessprache wird es aber keine davon schaffen; nicht einmal die sehr lebendigen Sprachen Yolngu, Aranda oder Warlpiri. Denn: Welche sollte man zur Landessprache erheben? Man würde mit solch einer Entscheidung nur alle anderen Clans und Stämme brüskieren.

Der vierte Artikel

Nicht nur die ersten weißen Siedler haben sich mit den vielen Sprachen der neuen Kolonie schwergetan. Auch moderne Sprachforscher mussten sich mit Begriffen auseinandersetzen, die niemals schriftlich festgehalten wurden und in gänzlich anderen Wertesystemen entstanden sind. Ein völlig neuer Sprachplanet tut sich dort auf, wo es kein Wort für Zeit gibt. Als man die Aborigines im tropischen Regenwald nach ihrem Zeitbegriff fragte, zeigten sie einfach auf die Sonne. Eine Sprachwelt, in der man nicht Danke sagt, sondern lieber Komplimente verteilt. Wenn jemand aus einem Billabong schnell Wasser brachte, lobte man ihn: *Du hast starke, schnelle Beine.* Eine Welt, in der man kein *good bye* und kein *auf Wiedersehen* kannte, sondern sich schlicht eine sichere Reise wünschte.

In der Neuen Welt ist es die Natur, die die Begriffe prägt, und so kennt die Wüstensprache Pintupi allein achtzehn verschiedene Wörter für Bodenloch, je nachdem, ob es von einem Kaninchen, einer Ameise oder einer Echse stammt. Aborigines denken anders über die Dinge und setzte andere Schwerpunkte.

Sprachhistoriker hätten ihre helle Freude an der Dyirbal-Sprache im Norden Queenslands, denn sie kennt vier grammatikalische Geschlechter. Maskulinum, Femininum, Neutrum und – essbar. Eine eigene Kategorie für alles, was zum menschlichen Verzehr geeignet ist, ist im Regenwald durchaus sinnvoll, wo es viele Pflanzenarten gibt, die sich ähneln, und wo es gilt, Kinder früh in Überlebenstechniken zu unterrichten. Und dazu gehört auf alle Fälle, die genießbaren von den giftigen Dingen zu trennen.

Doppelmoppel und Buchstabentausendfüßler

Ähnlich wie in der hübschen norddeutschen Begrüßung *moin moin,* die man zu jeder Tages- und Nachtzeit verwenden kann, haben viele Aborigines großen Spaß an Wortverdopplungen. Solche Doppelmoppel findet man überall in Australien, mit Sicherheit aber kommen Autofahrer in Victoria oder New South Wales irgendwann an Orten vorbei, die sich Woi Woi, Lang Lang, Gumly Gumly oder auch Bong Bong nennen. Denn in diesen Bundesstaaten ist die Verdopplung besonders beliebt. Wenn Wörter wiederholt werden, dient das meist der Verstärkung oder Steigerung. So steht der Begriff Wagga in der Sprache der Wiradjuri aus New South Wales für Krähe, und Wagga Wagga verweist eben auf einen Platz, wo es besonders viele Krähen gibt oder gab. Dieselbe Regel gilt natürlich auch für Gemeinden wie Drik Drik (steinig steinig) oder Goonoo Goonoo (Wasser Wasser). Und wer sein Zelt in einem Ort namens Grong Grong aufschlagen möchte, sollte sich das zweimal überlegen, denn der Begriff heißt so viel wie *schlechter Platz.*

Der australische Comedian Milligan Spike lebte einige Jahre in der Gemeinde Woy Woy in New South Wales und nannte die Stadt den einzigen überirdischen Friedhof der Welt. Auch machte er sich über den Ortsnamen Woy Woy lustig, der in der Sprache der dort lebenden Aborigines tiefes Wasser bedeutet. Welches Woy, so fragte Milligan in seinen Shows immer wieder, bedeute denn nun tief und welches Wasser.

Bis ihn eines Tages ein Aborigine vom Stamm der Awabakal ansprach und darauf aufmerksam machte, dass die Whitefellows völlig verkehrt lägen. Tiefes Wasser heiße eben Woy, und die Steigerung Woy Woy würde einfach nur auf besonders tiefes Wasser schließen lassen.

Einige Wörter der Aborigines sind während ihrer langen Sprachentwicklung zu regelrechten Buchstabentausendfüßlern geworden. Besonders an Orten der Ödnis und scheinbaren Leere kennt die Buchstabenphantasie der Aborigines keine Grenzen.

Doch auch im grünen Süden Australiens scheint man eine Vorliebe für lange Worte zu haben. Mamungkukumpurangkuntjunya Hill ist solch ein Wortungetüm, das man auf Landkarten ebenso schlecht unterbringt wie den in South Australia zu findenden Lake Caddiwarrabirracanna. Immerhin nennen die heute dort lebenden Australier ihn kurz und knapp Lake Caddi.

Oft machen sich Aborigines einen Spaß daraus, Veranstaltungen seltsame Namen zu geben. So wirbt das berühmte Moomba Festival in Melbourne mit der offiziellen Übersetzung »*Let's get together and have fun*«. Ein Sprachforscher jedoch entlarvte den Spaß und gab bekannt, dass im Aborigine-Slogan für das größte Kulturfestival des Landes zumindest auch das Wort für Hintern enthalten sei.

Auch den Sinn des längsten offiziell anerkannten Ortsnamens in Australien, ebenjenes Hügels namens Mamungkukumpurangkuntjunya in South Australia, habe ich mir von mehreren des Pitjantjatjara mächtigen Aborigines bestätigen lassen. Die Übersetzung lautet tatsächlich: Dort, wo ein Teufel uriniert.

Der Selfie und der Wellensittichschmuggler

»Die meisten Australier sprechen Englisch in etwa so, wie ich Hindi spreche – nämlich gar nicht. Sie benutzen zwar englische Wörter, aber keiner versteht, was sie meinen. Und die Vokale klingen auch ganz anders. Selbst wenn sie einen normalen Satz bilden, klingt es seltsam.«

Nino Culotta, *They're a Weird Mob*

Das überaus vergnügliche Buch *They're a Weird Mob* von John O'Grady (alias Nino Culotta) verkaufte sich in Australien seit 1957 über eine Million Mal, und wer wissen möchte, warum die Australier es so lieben und wie sich Australisch in seiner extremsten Form anhören kann, sollte sich zumindest den gleichnamigen Film ansehen. (Leider gibt es ihn noch nicht mit deutschen Untertiteln.)

Ganz so schlimm wie dem italienischen Einwanderer Nino Culotta wird es den meisten Besuchern heute sicher nicht ergehen. Denn das anfangs gewöhnungsbedürftige breite Australisch, das sogenannte *Strine* oder *Stayan* (Abkürzung für *Australian*), wird vor allem dort gesprochen, wo die Australier ungern den Mund öffnen, also im Outback. Angeblich nuscheln sie und kürzen so ziemlich jedes Wort ab, damit sie keine Fliegen einatmen. Die Sprachforscher charakterisieren diese Art Australisch gern mit dem Begriff *broad*. Der Schauspieler Paul Hogan ist jemand, der in diese Kategorie des schwer verständlichen Australiers passt. Mit Nicole Kidman, Russell Crowe und Hugh Jackman hat man es hingegen leichter.

Der australische Slang neigt zur Verkürzung, zur Verniedlichung und zur kreativen, humorvollen Wortkomposition. Eines der ersten Kürzel, das einem in Australien zu Ohren kommt, ist sicherlich *G'day*. Diese universelle Begrüßung ist allerdings – ganz wichtig – nicht gleichbedeutend mit »good day« und wird niemals im Sinne eines Abschiedsgrußes verwendet. Wer als Reisender noch ein angenehm entspanntes und lässiges *no worries* im Repertoire hat, sollte eigentlich in Australien sprachlich gut vorankommen. *No worries* ist der Türöffner für die besten Unterhaltungen.

Im Outback mag es manchem so erscheinen, als löse erst eine gewisse Menge an Bier die Zunge. Die Neigung zum stillen Nicken und zur knappen Antwort kulminiert schließlich in jener eigenartigen Angewohnheit der Australier, jedes Wort zu verkürzen. Das mag klimatisch und ökonomisch durchaus Sinn machen, stellt aber selbst den aufmerksamsten Touristen oft vor Probleme.

Auch wenn das Rauchen mittlerweile an den meisten Arbeitsplätzen verbannt ist, nennen die Australier ihre wohlverdiente Pause grundsätzlich *smoko*. Die Verwandten, also die *relatives*, werden zu *rellies*, der Tag, an dem man krankfeiert, wird zu einem niedlichen *sickie*, und ein Moskito verwandelt sich in ein *mozzie*. Die Mehrzahl *sunglasses* für die Sonnenbrille bleibt auch im Kürzel *sunnies* erhalten, und aus *afternoon* wird der *arvo*, den man bei undeutlicher Aussprache kaum von einer Avocado, also einer *avo*, unterscheiden kann.

Aus Süßwasserkrokodilen werden *freshies*, aus ihren im Salzwasser beheimateten Verwandten die *salties*, aus Kängurus *roos*, aus Politikern *pollies* und aus Feinschmeckern *foodies*. Trägt jemand eine altmodische Badehose, so nennt man diese *fish frightener* (Fischeverängstiger). Und falls diese altmodische Badehose zudem zu eng sitzen sollte und sich bestimmte Konturen vorn überdeutlich abzeichnen, dann spricht man schmunzelnd von einem *budgie-smuggler*, einem Wellensittichschmuggler.

Auch vor modernen Entwicklungen macht die Kürzelsucht der Australier nicht halt. Ein Foto, das man mit dem Handy von sich selber schießt, nennt sich dort bereits seit 2004 *selfie*. Ein uraustralisches Wort also, das übrigens passend zum zehnjährigen Bestehen das englische Wort des Jahres wurde und seitdem seinen Siegeszug um die Welt angetreten hat.

Infolge der Kürzelsucht kann es vorkommen, dass geschrumpfte Wörter gleich mehrere Bedeutungen haben, was das Verständnis für Ausländer weiterhin erschwert. So bedeutet *cockie* sowohl Kakadu, Farmer als auch Kakerlake. Falls man nicht wissen sollte, wie etwas heißt, oder einem das Wort absolut nicht mehr einfällt, hat man es in Australien leicht. Der australische Platzhalter für solche Notfälle heißt *thingi* oder auch *thingo*. Zungenakrobatisch Veranlagte könnten sich auch einmal am australischen Wort für Dingsbums versuchen – *thingamajig*.

Zum Einüben des australischen Englisch empfehle ich, es bei der Bezahlung an der Kasse eines Geschäfts oder Supermarkts einfach mal mit dem schönen *Emma Chissit* zu versuchen. Genau so klingt nämlich ein gepflegt australisch ausgesprochenes *How much is it?*

Dass australisches Englisch mitunter zu heftigen Missverständnissen führen kann, zeigt ein Zwischenfall in einem Krankenhaus in Darwin. Als ein Arzt dort eine deutsche Patientin, die des Englischen sehr wohl mächtig war, aus dem Krankenhaus entließ, brach die Frau sofort in Tränen aus. Ihr Mann versuchte sie zu beruhigen. »Aber Schatz, der Doktor sagte zwar ›*You can go home to die*‹, aber er meinte natürlich ›*You can go home today*‹.«

Blicke in die innere Welt

Weiße Flecken tropfen aus einer rötlichen Brust. Ein Gemälde an einem Felsen im östlichen Arnhemland. Es sind laktierende Brüste, und selbst die Milch *in* den Brüsten der Frauen hat der Zeichner nicht vergessen. Anfangs malte man Knochen und innere Organe, später sogar Muskeln und Fett. Ein Sehnerv ist zu sehen. Anatomische Zeichnungen, 40 000 Jahre vor Leonardo da Vinci! In einer unfassbaren Präzision. Röntgentechnik nennt man diese Kunst der transparenten Darstellung, X-*Ray-Art*. Eine Kunst, die heute von einigen modernen Aborigines-Malern aufgegriffen und weiterentwickelt wird.

Andere Felsbemalungen zeigen die Europäer und ihre riesigen Schiffe, vor zweihundert Jahren. Man sieht in das Innere der Gewehrläufe. Scheinbar wollte man es ganz genau wissen.

Wie gelingt es den Weißen, aus langen Rohren zu feuern? Man zeichnete kleine Kugeln in die Waffen. Nur das Pulver ist nicht zu sehen. Auch nicht das Innere der Schiffe. Wie viele Aborigines wohl je an Bord gehen durften, um ihre Neugier zu stillen?

Das, was die frühen Künstler der Aborigines an Abertausende von australischen Felsen gezeichnet haben, werden sie damals wohl nicht »Kunst« genannt haben. Wahrscheinlich hat es diesen Begriff in keiner ihrer Sprachen je gegeben. Es ist keine *l'art pour l'art*, keine Kunst nur um der Kunst willen, es sind steinerne Bücher des Wissens. Einzigartige Felsgemälde, von der westlichen Kunstszene lange verschmäht.

In einem Interview mit dem amerikanischen Neurologen Vilayanur S. Ramachandran, das ich vor Jahren in Kalifornien führte, sagte er mir, man müsse sich die prähistorischen Höhlen von Lascaux und Altamira in Spanien als die Unterrichtsräume jener Zeit vorstellen. Die Jagdszenen, die Zeichnungen von Bisons und Wildpferden seien nichts anderes als gutes Schulungsmaterial gewesen. Die jungen Menschen der Urzeit starrten gebannt auf die Zeichnungen und hörten den Geschichten ihrer Ältesten zu, ihrer besten und erfahrensten Jäger.

Die erstaunlich gut erhaltenen Zeichnungen an den Felswänden im Pilbara, den nördlichen Kimberleys und im östlichen Arnhemland unterstützen die Theorie Ramachandrans. Wunderschöne australische Klassenräume. Bestes Bildungsmaterial, das hier sogar Einblicke in all das gewährt, was den Menschen sonst verborgen geblieben wäre. Gebärende Frauen sind zu sehen, jagende Männer, Verwundungen, innere Organe, chinesische Gesichter, Einbaumkanus, Männer mit länglichen Hüten, die langstielige Makassar-Pfeifen rauchen. Nur ein Bruchteil dieser bezaubernden Kunst wird heute der Öffentlichkeit zugänglich gemacht. Die exponierten Werke müssen geschützt werden.

Die Sixtinische Kapelle der Urzeit

Als sich ein ganzer Stab von Mitarbeitern um die Ausarbeitung der *Ultimate Australian Tour* des Fernsehstars Oprah Winfrey bemühte, wählten sie als Station auch ein Werk der Aborigines-Felsenkunst aus. Nicht Ubirr, sondern die schönste aller australischen Höhlen, die von Nawarla Gabarnmang.

Im australischen Winter 2006 flog der Buschpilot Chris Morgan einen Routineflug über das östliche Plateau des Arnhemlandes. Beim Tiefflug mit dem Hubschrauber sah er eine auf zahlreichen Säulen ruhende Schutzhöhle. Als er das Innere betrat, machte er eine erstaunliche Entdeckung: Er sah eine der am besten erhaltenen prähistorischen Gemäldegalerien der Welt.

Mein Führer Rob hat die Genehmigung der Jawoyn eingeholt, und nun stehen wir an dem Ort, den er erst »die Sixtinische Kapelle der Urzeit« und dann »unser Stonehenge« nennt. Die Galerie der Nawarla Gabarnmang wurde aus einer natürlichen Höhle geschaffen, indem man vorsichtig Steine daraus entfernte. Nun ruht die über und über bemalte Decke nur noch auf sechsunddreißig Sandsteinsäulen. 1500 Quadratmeter Kunst aus der Altsteinzeit. Vom ständigen Nach-oben-Schauen kann einem der Nacken steif werden – so schön sind diese Bilder.

Die länglichen Gliedmaßen der abgebildeten feinen Figuren sind mit gerötelten Armreifen und Halsringen geschmückt, die Köpfe mit Quasten, Kopf- und Federschmuck. Alle in Aktion. Die Figuren werfen einen Bumerang, einen Speer oder eine Steinaxt. Einige jagen, während andere zu tanzen scheinen. Oder sich bekämpfen. Die ganze Palette des steinzeitlichen Lebens – farbig, anschaulich und sofort verständlich.

Über 6000 Felsgalerien wurden in Australien bis heute gezählt. Aber es sind mit Sicherheit noch lange nicht alle entdeckt. Über 44 000 individuelle Einzelkunstwerke auf Fels gibt es allein im Arnhemland. Paläolithische Kunst findet man an über tausend Stellen. Zum Vergleich: In Europa gibt es nur ein Viertel davon.

Das große Rätsel

Die ältesten, wahrscheinlich mehr als 40 000 Jahre alten Fels-malereien Australiens wurden in der Kimberley-Region in Westaustralien entdeckt. Doch nicht diese, sondern Kimber-ley-Zeichnungen, die vom Missionar Joseph Bradshaw 1891 zum ersten Mal erwähnt wurden, werfen für Forscher bis heute eine ungelöste Frage auf.

Die heute »Bradshaw Paintings« oder auch (nach einem dort beheimateten Vogel) von den Aborigines »Gwion Gwion« benannten Zeichnungen, zeigen teils rätselhafte Motive.

Auf einigen dieser über 20 000 Jahre alten Felsgemälde sind nämlich afrikanisch anmutende, schlanke Figuren zu sehen, die teils sehr lange, nach oben spitz zulaufende Frisuren tra-gen, von denen Zierquasten hängen. So etwas gibt es als Motiv nirgendwo sonst in Australien zu sehen. Das große Rätsel, das diese Felszeichnungen in den Kimberleys aufwer-fen, ergibt sich aus der Frage, wer die Schöpfer dieser Kunst waren. Denn fragt man die Aborigines, deren Vorfahren schon vor über 20 000 Jahren in dieser Gegend lebten, so sagen diese einhellig: Wir waren es nicht!

Australische Literatur und Poesie – von Salzbäumen und Schaumkronen

Schläft ein Lied in allen Dingen,
Die da träumen fort und fort,
Und die Welt hebt an zu singen,
Triffst du nur das Zauberwort.

Joseph von Eichendorff

Der Aborigine Ernest Brimm liebt die deutsche Romantik. Einmal trat er im Fernsehen in der Sendung *Willi will's wissen* auf, um zu erklären, wie man im australischen Regenwald lebt. »Dabei hätte ich auch etwas über die Ähnlichkeit unserer mythischen Welt und eurem Dichter Eichendorff erzählen können. Denn in seinem Gedicht *Wünschelrute* beschreibt er genau die Welt, die wir *Dreaming* nennen. Alle Töne und Geschichten schlafen nur in den Dingen der Welt. Findest du aber das Zauberwort, das was wir die *Stimmen des ersten Tages* nennen, erwacht diese Welt. Jederzeit. Wird durch unseren Gesang geweckt.«

Mit *Stimmen des ersten Tages* meint Ernest Brimm die Sagen der Aborigines, die, auf das ganze Land verteilt, eine fast lückenlose mythische Landkarte mit Tausenden von phantastischen Charakteren ergeben. Die bekannteste Figur dieser australischen Mythologie ist die Regenbogenschlange, die in vielen Variationen als kraftvolle und kreative Gestalterin in Geschichten auftaucht. Sie ist die eigentliche Schöpferin der Landschaften und der darin verborgenen Geheimnisse, aber auch der Ursprung der australischen Poesie.

Eine der schönsten Variationen der traditionellen Geschichten über die Regenbogenschlange wird von Anastasia Kelantumana, einer Aborigine aus Darwin, in ihrem Buch *Djugurba: Tales from the Spirit Time* erzählt. Auf Deutsch ist sie im Buch *Der mit der Sonne kam. Erzählungen und Gedichte von Aborigines* von Gabriele Yin zu finden.

Es ist die Geschichte eines farbenfrohen Geschöpfes, einer fetten Schlange, die sich Regenbogen nennt, mit einer Pfeifgans verheiratet ist, eine Fledermaus zum Feind hat und an einem Wasserloch lebt. Eine dramatische Geschichte um Liebe, Eifersucht und Tod, in der sich der Regenbogen am Ende vor Schmerzen krümmt und sich fortan nur noch selten in australischen Wasserlöchern sehen lässt.

Die Welt der Phantastik hielt also bereits sehr früh Einzug in die australische Erzählkunst, und sogar der große Jonathan Swift fügte in seinem Roman *Gullivers Reisen* 1726 eine kleine phantastische Hommage an Australien ein. Houyhnhnm, eines seiner sagenhaften Länder, in dem intelligente Pferde leben sollen, wurde von Swift ganz bewusst in der Nähe Tasmaniens angesiedelt, eines Landes, das damals gerade erst auf den Land- und Seekarten aufgetaucht war und von dem die dort lebenden Engländer und Iren die unglaublichsten Dinge zu berichten wussten.

Die australische Realität jedoch holte die Phantastik schnell ein und lieferte sich literarisch mit ihr im 19. Jahrhundert ein Kopf-an-Kopf-Rennen. Der Schriftsteller Marcus Clarke schildert in seinem bestürzenden und spannenden Buch *Lebenslänglich* (Originaltitel: *For the Term of his Natural Life*) die unfassbaren Ereignisse im Leben des Rufus Dawes, der ohne jede Schuld ins Räderwerk einer brutalen Sträflingskolonie in Tasmanien geriet. Ein auf wahren Begebenheiten beruhender, sehr eindrucksvoller Roman, der bei mir nach der Lektüre noch lange nachwirkte.

Es verging einige Zeit, bis sich die australische Literatur von ihren englischen Vorbildern und den dort vorherrschenden Themen emanzipierte. Ausgerechnet ein Streik der Schafscherer führte 1895 zum literarischen Erwachen der jungen Kolonie. Die Verse des Dichters Banjo Paterson, der die Geschichte eines *swagman*, eines Vagabunden, erzählt, der sich auf der Walz befindet und an einem Wasserloch sein Lager unter einem Eukalyptusbaum aufgeschlagen hat, wurde nach der Vertonung zur heimlichen australischen Nationalhymne. *Waltzing Matilda* ist bis heute das beliebteste Volkslied des Landes und wurde sowohl von Tom Waits als auch von Rod Steward gecovert – eine Verehrung des australischen Outback und der australischen Wildnis, die zumindest musikalisch und literarisch bis heute anhält.

Sogar ein britischer Autor wie D. H. Lawrence, der Australien mit seiner deutschen Frau Frieda 1920 drei Monate lang bereiste, feierte hymnisch die landschaftliche Schönheit des Landes, auch wenn er sich in seinem Buch *Kangaroo* einen zynischen, ja arroganten Seitenhieb auf das »Land der Schafzüchter« nicht verkneifen konnte und die wild wuchernden, endlosen Vorstädte Sydneys kritisiert.

Als Patrick White, einem Sohn australischer Viehzüchter, 1973 als erstem und bislang einzigem Australier der Nobelpreis für Literatur verliehen wurde, erschien Australien endgültig auf der literarischen Weltkarte. White, der ebenso wie Ernest Brimm ein Liebhaber der deutschen Romantik ist und Deutschland ausgiebig bereist hat, machte sich auch als Übersetzer von Heinrich Böll einen Namen. Von den Australiern selbst lange ignoriert, gelang ihm erst mit dem Roman *Voss* in seinem Heimatland der literarische Durchbruch. Erzählt wird die Geschichte eines deutschen Entdeckers, die eng an das Leben und die Abenteuer des Forschers Ludwig Leichhardt angelehnt ist.

Heute zählen zu den wichtigsten zeitgenössischen Autoren Australiens neben Robyn Davidson, die das schöne Buch *Spuren* geschrieben hat, vor allem David Malouf, Alex Miller, Les Murray, Geraldine Brooks, Murray Bail, Helen Garner und Richard Flanagan, aber auch der deutsch-australische Schriftsteller Markus Zusak (*Die Bücherdiebin*) und der vor allem als Musiker bekannte Nick Cave.

Tim Winton

Einer der besten zeitgenössischen australischen Autoren schreibt vor allem über seine Heimat, über Westaustralien. Und er tut gut daran. Tim Winton, der Wortmagier, der selbst im Süden des Westens lebt, versteht es wie kein anderer, die Natur seiner Heimat und deren vom Wetter und Leben gegerbte Bewohner aufs Papier zu bannen. Winton zeichnet klare Bilder und verleiht ihnen den dazu passenden Klang. An manchen Stellen klingt seine Literatur wie vertonte Malerei. Ich sehe und rieche und lausche mich durch seine Bücher. Vor allem dann, wenn Tim Winton von Pfefferminzbäumen, vom Zitroneneukalyptus und knisternden Lagerfeuern spricht – wie etwa in *Der singende Baum*. Seine Geschichten spielen in grandiosen Landschaften, in denen schroffe und sensible Menschen in oft einsamen Gegenden nach dem suchen, was wir alle brauchen und wohl in Australien finden können: sich lebendig fühlen, den besonderen Kick bekommen, den Moment einfangen, der einem wieder neue Kraft und neues Leben einhaucht – und der einem dann, als Gefühl und Erinnerung, für immer bleibt.

Surfer sind der Menschenschlag, den Winton besonders eindrücklich zu zeichnen vermag, Menschen, die dem Gewöhnlichen entkommen wollen, wie in dem Surfroman *Atem*. Dem Alltäglichen entrinnen, dem sorglosen Draufgängertum frönen. Immer auf der Suche nach der großen Welle, nach der Schaumkrone und der Schwerelosigkeit.

Kate Grenville

Der Astronomin Melissa Hulbert vom Observatorium in Sydney, die auch sehr schöne Führungen durch die Sternwarte macht, habe ich eine wunderbare Buchempfehlung zu verdanken. Die Tagebücher des englischen Astronomen und Sprachforschers William Dawes, die erst 1972 wiederentdeckt wurden. Der Engländer Dawes kam mit der ersten Flotte in die Kolonie New South Wales und hatte den Auftrag, 1788 auf einem Hügel Sydneys eine Sternwarte zu errichten, um den südlichen Sternenhimmel zu erforschen. Seine Tagebücher erklären, wie es zum ersten Kontakt und einer Verständigung zwischen Aborigines und den Briten kam. Eine wundervolle Geschichte. Eine Liebesgeschichte.

In der harten Männerwelt der ersten Strafkolonie galt das Gesetz des Stärkeren, und die ersten Begegnungen zwischen den englischen Gefangenen, den Soldaten und den Aborigines waren fast ausnahmslos von Gewalt geprägt. Die Aborigines vom Stamm der *Cadigal* hatten die weißen Fremden, die mit der ersten Flotte nach Australien kamen und in der heutigen Bucht von Sydney Cove gelandet waren, monatelang einfach ignoriert. Gouverneur Phillip ließ 1788 zwei Aborigines entführen, um ihnen Englisch beizubringen und andererseits ihre Sprache zu lernen, aber beide Männer konnten fliehen. Eine Verständigung zwischen den beiden sich so fremden Kulturen schien unmöglich. Bis dann die Liebe eine Brücke baute.

Die australische Autorin Kate Grenville hat in ihrem Roman *Der Sternleser* das Tagebuch des William Dawes in einen sehr lesenswerten Roman verwandelt. Der junge Engländer baut also die erste Sternwarte Australiens und verliebt sich unterdessen in ein Aborigine-Mädchen. Es ist eine interessante und feine Ironie der Geschichte, dass erst die Liebe zwischen der jungen Patyegarang, deren Name »Graues Känguru« bedeutet, und jenem offenen und herzlichen Forscher den Briten die Möglichkeit eröffnet, mit der ihnen völlig fremden Kultur in Kontakt zu treten.

Peter Carey

Peter Carey ist neben J. M. Coetzee der weltweit einzige Schriftsteller, der gleich zweimal mit dem renommierten Booker Prize ausgezeichnet wurde. Diesen Literaturpreis gewann Peter Carey sowohl für seine opulente Glücksspielsaga *Oscar und Lucinda* als auch für *Die wahre Geschichte von Ned Kelly und seiner Gang:* ein Werk, von dem Carey sagt, er habe ein ganzes Leben lang darauf gewartet, es zu schreiben. Keiner hat den Mythos des Bushrangers, der zum Robin Hood Australiens wurde, mitreißender in Worte gefasst.

Peter Carey gilt heute als bedeutendster lebender Schriftsteller Australiens. Ein Radioreporter sagte einmal über ihn, er sei ein halsbrecherischer Schriftsteller, der seine Romane wie einen Ferrari fahre. Und tatsächlich ähneln manche seiner Geschichten, wie zum Beispiel *Liebe – Eine Diebesgeschichte*, ziemlich tempo- und kurvenreichen Verfolgungsjagden. Wenn Peter Carey einmal Fahrt aufgenommen hat, lasse ich mich als Leser sehr gern in der Weltgeschichte herumfahren, durch die australische Provinz genauso gern wie durch Sydney oder Tokio. Oder aber durch New York, die Stadt, die Carey zu seiner Wahlheimat gemacht hat und in der er seit über zwanzig Jahren lebt.

In *Die Chemie der Tränen* reist ein Vater von Australien nach Karlsruhe, weil er glaubt, seinen kranken Sohn durch die Rekonstruktion eines künstlichen Schwans retten zu können, einer Art Spieluhr, die vor über hundert Jahren im Schwarzwald hergestellt wurde. Im Roman *Parrot und Oliver in Amerika* streifen ein französischer Adliger und sein Diener 1831 durch Amerika. Ein Stoff, der an Cervantes' *Don Quijote* erinnert, bei Carey angereichert durch Stimmimitatoren, Wanderdrucker und Spione.

Für mich zählt Peter Carey, dessen Bücher weltweit gelesen werden, zu den kreativsten Fabulierkünstlern überhaupt. Seine atemberaubenden Romane lassen sich mit dem schönen englischen Wort *unputdownable* beschreiben. Es sind Bücher, die man in einem Zug durchlesen und einfach nicht mehr aus der Hand legen möchte.

Zwischen den Welten

*»Ich würde etwas ins Trinkwasser mischen, damit sie
unfruchtbar werden und sich nicht mehr vermehren. Das
würde das Problem von selbst lösen.«*

Lang Hancock, 1984 (Eisenerzmagnat und Vater von Gina
Rinehart, der reichsten Frau der Welt, über den Umgang mit
Aborigines)

Reisen ins Niemandsland

»Niemandsland«, nannten die Engländer den neu entdeckten
Kontinent auf der Südhalbkugel. *Terra nullius.* Ein Land, das
bislang niemandem gehörte, der zivilisiert zu nennen sei. Ein
Land, das noch zu haben war. Die indigene Bevölkerung, die
bereits seit Jahrtausenden dort lebte, wurde bis zum Jahr 1967
der Flora und Fauna Australiens zugerechnet, ja, ganz recht,
der Tier- und Pflanzenwelt.

Bis in die 1970er-Jahre wurde der Mythos aufrechterhal-
ten, die Besiedlung Australiens sei weitestgehend friedlich

verlaufen. Dabei befand sich das Land mehr als 140 Jahre lang im Krieg. Nach Auffassung der heutigen Historiker fanden diese *Frontier Wars* erst 1934 ihr Ende. Für die meisten Aborigines aber dauert zumindest der Kampf um die volle Anerkennung immer noch an.

Pemulwuy vom Stamm der Eora, der erste und bekannteste Widerstandskämpfer der Aborigines, führte bereits ab 1790 in New South Wales einen zwölfjährigen Guerillakampf gegen die britischen Truppen, nachdem viele Angehörige seines Clans an eingeschleppten Krankheiten gestorben waren, die neuen Siedler die Fischgründe in Port Jackson leer gefischt und die Frauen seines Stammes missbraucht hatten. Nachdem man ihn erschossen und enthauptet hatte, wurde sein Kopf in Alkohol eingelegt und angeblich zu wissenschaftlichen Zwecken nach London geschickt. Sein Haupt kam jedoch nie an. Die Briten hatten großen Respekt vor Pemulwuy, nannten ihn einerseits eine wahre Pest, hatten aber andererseits Respekt vor seiner Tapferkeit und seiner Souveränität.

Eine Schlacht wie die zwischen der US Army und den amerikanischen Ureinwohnern am Wounded Knee hat es in Australien nie gegeben, und bis heute gibt es nur selten mal ein Denkmal, das die Kriegshelden der Aborigines ehrt. Am ANZAC-Day (25. April) gedenkt man der 102 000 Australier, die in beiden Weltkriegen ihr Leben ließen. Dass darunter auch viele Aborigines waren, rückt erst langsam ins Bewusstsein – wenn überhaupt.

Ende der 1960er-Jahre, zu einem Zeitpunkt, an dem sich auch in Sydney und Melbourne die Studenten erhoben und die Black-Power-Bewegung aus den USA die australischen Ureinwohner unterstützte, wurden den Aborigines durch eine Volksabstimmung zum ersten Mal Bürgerrechte zuerkannt. 1992 verwarf der Oberste Gerichtshof die Terra-nullius-Doktrin, und im Jahr 2008 entschuldigte sich der australische Premierminister Kevin Rudd zum ersten Mal offiziell – in einer im ganzen Land live übertragenen Ansprache – bei den Menschen, die man über mehr als zwei Jahrhunderte unterdrückt und gedemütigt hatte – die Menschen der sogenannten *Stolen Generations*.

Die gestohlenen Kinder

Westaustralien im Jahr 1931. Auber Octavius Neville, Beamter im öffentlichen Dienst von Westaustralien und seines Zeichens »Chief Protector of Aborigines« (also der Beschützer der Aborigines), hat im Rahmen seiner Befugnisse drei junge Mädchen vom Nomadenvolk der Jigalong entführen lassen, die 14-jährige Molly Craig, ihre Schwester Daisy und deren kleine Cousine Gracie. Neville lässt sie in ein sogenanntes Erziehungsheim, ins Moore River Native Settlement, verfrachten. 1200 Meilen entfernt von zu Hause.

»Die Kinder müssen vor sich selber geschützt werden«, sagt Neville in der Verfilmung dieser wahren Geschichte, dem äußerst sehenswerten Film *Rabbit Proof Fence.*

Welchen Hintergrund das vom britischen Parlament beschlossene Kidnapping von über 30 000 Aborigines-Kindern wirklich hatte, zeigt eine sehr aufschlussreiche Szene des Films. Neville erklärt einigen weißen Frauen, die sich für wohlerzogene junge Aborigines-Haushaltshilfen aus dem Erziehungsheim interessieren, wie man sich die Assimilierung der dunkelhäutigen Jungen und Mädchen vorstellt. »Geben wir ihnen das Beste, was unsere Kultur ihnen anzubieten hat«, sagt Neville, »*the Aboriginal has simply been bred out.*« Wie man die dunkle Hautfarbe der Aborigines »herauszüchtet«, wird am Beispiel einer Mischlingsmutter (*Half-Blood*), ihres Kindes (*Quadroon*) und des Enkels (*Octoroon*) gezeigt. Wird nämlich konsequent der Mutter jeder Generation ihr Kind entrissen und in einem eugenischen Programm weißen Australiern zugeführt, hätte man am Ende das erwünschte Erscheinungsbild. Einen weißen Aborigine.

Wie kein anderes Werk zuvor hat der Film *Rabbit Proof Fence* in Australien zu hitzigen gesellschaftlichen Debatten geführt. Von nur einer einzigen *Stolen Generation* könne, so Aktivisten der Aborigines, überhaupt nicht die Rede sein, weil man bereits 1830 damit begonnen hatte, Kinder in Missionsheime zu verschleppen. Das Allgemeine Kinderfürsorgegesetz bestand immerhin noch bis zum Jahr 1976, wonach es erlaubt war, Müttern ihre Kinder zu entreißen. Auch heute behält sich die australische Politik dieses Recht vor und nennt die entsprechenden Aktionen *Removal*. Politische Aktivisten der Aborigines verweisen auf aktuelle Zahlen, nach denen sich noch 2012 über 13 000 Aborigines-Kinder in sogenannter *Out-of-Home-Care* befanden. Die Großmütter dieser Kinder gehen auch heute noch auf die Straße, um gegen die *New Stolen Generation* zu protestieren.

Die wahre Geschichte von Molly, Daisy und Gracie endete übrigens mit der Flucht der Mädchen. Über neun Monate lang folgten sie dem damals längsten Zaun der Welt, gingen durch Wüsten und Steppen, schüttelten ihren Jäger und Fährtenleser Moodoo ab, indem sie trickreich ihre Spuren verwischten, und gelangten letztlich wieder nach Hause, nach Jigalong. Gemeinsam mit ihrer Mutter flohen sie in die Wüste. Molly heiratete und bekam zwei Mädchen. Dann schnappten die Behörden wieder zu und brachten sie und ihre Kinder zurück ins Erziehungsheim nach Moore River.

Molly konnte noch einmal fliehen und trug ihre dreijährige Tochter Annabelle erneut über eine Strecke von zweitausend Kilometern zu Fuß nach Hause. Das Kind nahmen die Behörden ihr dann endgültig ab. Sie hat es nie wieder gesehen. Doch ihre Tochter Doris Pilkington Garimara, die ebenfalls in einem Pflegeheim aufwuchs, schrieb die Geschichte ihrer Mutter auf. Das Buch wurde für sechs Millionen Dollar unter dem Titel *Rabbit Proof Fence* verfilmt. An der Filmmusik *A Long Walk Home* (so auch der Titel des deutschen Films), die Peter Gabriel komponiert hat, haben sich aus Solidarität über fünfzig Musiker beteiligt. Am Ende der Geschichte, so sagte die Tochter, würde man mit Molly Craig und ihrer Schwester Daisy Craig Kadibil zwei siegreiche, glückliche Menschen sehen. Das sei das Wichtigste.

Wut und Video

Die Zeiten der Bevormundung und Entmündigung sind nicht vorüber. Ein Ältester vom Stamm der Pitjantjatjara ist wütend. Die Aborigines würden dämonisiert, sagt er mir. Während das australische Fernsehen massenhaft Alkoholwerbung ausstrahlt und Sendungen mit pornografischem Inhalt gezeigt würden, ständen vor seiner Community Verbotsschilder, auf denen 74 800 Dollar Strafe für den Konsum von Alkohol angedroht werden. Der Besitz oder der Handel mit pornografischem Material, heißt es in großen blauen Buchstaben, würde mit 5000 bis 22 000 Dollar bestraft oder mit zwei Jahren Haft. »Welche Bigotterie und was für eine rassistische Regierung«, schimpft der Älteste, der namentlich nicht genannt werden möchte.

John Greatorex von der Charles Darwin University wird ebenso deutlich. »Erst das westliche Fernsehen hat die Gewalt, den Alkohol gebracht, gepaart mit dem Verlust der Werte. Das führt zu einem Breakdown unserer eigenen Kultur.« Noch 2009, so sagt er mir, wollte man jeden Aborigine im Northern Territory in einundzwanzig sogenannte *growth towns* zwängen. Dabei sei es so fundamental wichtig für ihre Kultur, auf angestammtem Land bleiben zu können. Ein Zuhause zu haben, ein *matamata,* wie der Stamm der Yolngu es nennt.

Reverent Dr. Djiniyini Gondarra vom Clan der Columala fragt sich, warum zwanzig bis dreißig Menschen zusammengepfercht in einem Haus mit vier Zimmern leben müssen. Gesundheitlich ähnelten die Zustände vieler Aborigines im Outback denen in Europa vor siebenhundert Jahren.

Australien ist das einzige industrialisierte Land der Erde, das die Trachoma, die Bindehautentzündung, nicht besiegt hat. Eine Augenkrankheit, die Blindheit verursacht, wenn sie nicht behandelt wird. In abgelegenen Siedlungen wie Galiwin'ku leiden heute noch sechzig Prozent der Kinder unter dieser Krankheit. Im Durchschnitt sterben Aborigines siebzehn Jahre früher als ihre weißen australischen Mitbürger. Die Kindersterblichkeit ist dreimal so hoch. An Diabetes und Herzkrankheiten sterben Aborigines sogar vierzigmal häufiger.

Lisa Mumbin, eine Aborigine-Delegierte der Kalano Community, sagte mir, die Probleme in den Communitys entlang des Stuart Highway würden immer schlimmer. Der Drogenkonsum nehme zu, junge Leute würden vermehrt Benzin oder Klebstoffe schnüffeln, immer mehr Alkohol trinken. David, ein Krankenhausmanager in der Commune Titjikara, erzählt, die jungen Menschen würden den Aborigines davonlaufen. Die Puzzlesteine der uralten Kultur und der modernen Generation würden nicht zusammenpassen, weil sich Langeweile und Sinnlosigkeit ausbreiten. »Sie schlafen tagsüber und sind nachts wach. Sie saufen, gucken fern oder sind im Internet. Aber sie interessieren sich kaum mehr für die alte Kultur.«

Die ersten Siedler bezahlten mit Alkohol oder Tabak für den Sex mit den Aborigines, das war üblich, wenn nicht einfach vergewaltigt wurde. Die Vielzahl der Mischlinge heute zeugt davon. Doch die Siedler brachten neben Alkohol und Tabak auch unbekannte Infektionen ins Land und eine erst heute in ihrer ganzen Dimension erkannte Seuche: Zucker.

Was Zucker in wenigen Generationen mit einer jahrtausendealten Kultur macht, die den raffinierten Zucker nicht kannte, sieht man an den jährlich steigenden Diabetesraten, den Nierenschäden (schon Neunzehnjährige leiden unter Nierensteinen!) und der Fettleibigkeit.

Es sind heute vor allem verzweifelte Aborigine-Frauen und hier vor allem die Generation der Großmütter, die um ihre

Kinder und Enkel kämpfen. Sie versuchen die zahlreichen Probleme in den Griff zu bekommen, indem sie ihnen ein Zuhause in der Wildnis errichten. Ein *bush home*, wie sie es nennen, in dem die an die Stadtkultur verloren geglaubten Jugendlichen dann meist mit leuchtenden Augen Speere und Bumerangs basteln, das traditionelle Essen, den *bush tucker*, entdecken, fischen und angeln gehen sowie die Tänze und die Sprache ihres Stammes erlernen.

Die Wunden, die gerissen wurden, die Verletzungen der Aborigines, heilen langsam. Schon der kleinste Anlass kann die Wut und Verzweiflung wieder aufkochen lassen. Ich war gerade in Alice Springs, als ein Reporter mit einer Gruppe von Indern fürs australische Fernsehen eine Sendung aufnahm.

Als einige Aborigines die Kameras sahen, wurden sie wütend. »Wir wollen nicht gefilmt werden. Wir mögen eure Videokameras nicht.« Offensichtlich hatte das Team nicht offiziell um eine Drehgenehmigung gebeten. Steine flogen. Die Inder mussten in ihre Hotels fliehen.

Aborigines wollen höflich gefragt werden, bevor man sie filmt oder fotografiert. Jeder Besucher Australiens sollte hier vorsichtig und behutsam sein. Selbst wenn man keine bösen Absichten hat und nur die strahlenden Augen lachender Kinder mit strohblonden wilden Haaren in einem Schulbus fotografieren möchte, sollte man die anwesenden Erwachsenen zuvor um Erlaubnis fragen. Die neuen medialen Möglichkeiten, vor allem aber Bilder betrunkener Aborigines im Internet haben die Spannungen eher verschärft und die erwachsenen Aborigines vorsichtig gemacht.

Ein Trick, den australische Fernsehteams anwenden, um an Bilder und Videoaufnahmen zu kommen, ist der Satz: *We are preserving memory for all time.* Das klingt gut und funktioniert tatsächlich immer wieder als Türöffner. Touristen hingegen gehören für die Aborigines zu denen, die nur einen Vorteil aus der allgemeinen Situation ziehen wollen, nur nehmen, in diesem Falle: Bilder *auf*-nehmen und nichts geben. Dabei wäre es so einfach, wenigstens vorab zu fragen und ein Lächeln zu verschenken.

Die Geheimgesellschaft

Ich bewundere viele Aspekte der Aborigines-Kultur, habe im Laufe der Jahre auch einige Aborigines getroffen, die ich regelmäßig besuche und meine Freunde nennen darf. Die Kultur der traditionell lebenden Aborigines jedoch romantisierend zu verklären liegt mir fern, weil es einige Dinge gibt, die mich fassungslos machen. Denn wer glaubt, mit Ziernarben, Tellerlippen und Zungenspalten sei bereits der Höhepunkt der bei indigenen Völkern beliebten Körpermodifikation erreicht, liegt weit daneben. Auch die härtesten Piercing-, Branding- und Hämatoming-Fans werden bei bestimmten Praktiken der Aborigines wie der Subinzision, der Penislängsspaltung, wahrscheinlich erst einmal blass werden. Was ich über Initiationsriten von Aborigines-Mädchen und -Jungen erfahren habe, hat mich mehr als nur nachdenklich gemacht.

Auf meinen Reisen durch Australien bin ich glücklichen Aborigines wie Brandon Walker begegnet, der mit den Füßen in den Mangrovenwäldern Nahrung ertastet. Ich habe traurige Aborigines getroffen, die sich dem Alkohol und der Schnüffelei hingaben, leidenschaftliche Künstler, ambitionierte Forscher wie Mark Inkamala in Alice Springs, Poeten wie Steven von Roehl und Ernest Brimm sowie Cliff, den taubstummen Tänzer.

Aber keine Geschichte hat mich so berührt und aufgewühlt wie die von Sam. Er, der nicht mit seinem Klarnamen genannt werden möchte, ist in einer Familie aufgewachsen, in der häusliche Gewalt sein »täglich Brot« war. In einer Community, die trotz Finanzhilfen nie viel auf die Beine brachte, weil viel Geld an *gewisse Personen* abgegeben werden musste. Und so wuchs Sam ziemlich verwahrlost auf, bis ihm ein Entwicklungshelfer zur Flucht in die Großstadt verhalf.

Dass er offen über das, was ihm widerfahren ist, spricht, ist nicht selbstverständlich. Bei manchen noch sehr traditionell lebenden Clans haben wir es mit Geheimgesellschaften zu tun, in denen der Verrat von Geheimnissen oder ein Wortbruch nicht selten mit dem Tod bestraft wird. Sam hätte den traditionellen Weg, den Weg der Initiation und der Geheimnisse, die vor den Weißen verborgen werden müssen, gehen können. Er ist ihn nicht gegangen. Über vieles, was mir Sam erzählte, würde ich am liebsten einen schwarzen Balken in meiner Erinnerung machen.

Es ist von wahrlich grausamen Verstümmelungen zu berichten. Weit im Norden werden sie praktiziert, auf dem Land, noch nördlicher als die Gemeinde Utopia. Sam erzählt mir vom Whistle Duck Creek, der längst wegen der rituellen Eingriffe an den männlichen Geschlechtsorganen in Whistle Dick Creek umbenannt worden ist. Er erzählt mir von *sorry cuts* (Selbstverletzungen) und anderen Initiationsriten. Der Druck auf die *elder*, die Ältesten der dortigen Aborigines, sei enorm. Sie müssen sich an das alte Gesetz halten, was auch die Rekrutierung und Initiation einer gewissen Anzahl junger Männer mit einschließt. Ziehen diese *Red Law Men* mit rotem Stirnband im November durchs Land, müssten Jungen im Alter von 13 bis 15 auf der Hut sein. Diejenigen, die dann nach alter Sitte initiiert und zum Mann werden, stellen später leider meist auch ein gesellschaftliches Problem dar. Denn sie sehen sich anschließend nicht mehr australischem Recht, sondern nur noch dem uralten Gesetz ihrer Ahnen verpflichtet. Mit fatalen Konsequenzen.

»Wirst du von einem Stammesältesten auf den Weg der Initiation gerufen«, sagt Sam, »erfordert dieser Weg immense Disziplin, monatelange Prüfungen, Unterwerfung unter das Gesetz der Ältesten, Blutopfer und außerordentlich schmerzhafte Körperriten. Wer da die Wahl hat, entscheidet sich lieber für Chips, Bier und ein Leben auf dem Sofa vor dem Fernseher. Oder?«

Sam, der jetzt unter anderem Namen in einer großen australischen Stadt lebt und eine Ausbildung zum Informatiker absolviert hat, fragt sich, wie eine Kultur, in der Subinzision, Zähnebrechen und Fingernägelziehen praktiziert werden, in unsere moderne Welt passt.

»Für die meisten Aborigines«, sagt Sam, »ist der Weg der Traditionen ein sehr guter und durchaus gangbarer Weg. Sie lernen schöne, nützliche Dinge. Das trifft glücklicherweise für die absolute Mehrheit der Aborigines in Australien zu. Aber die andere Seite, die gibt es leider immer noch. Das alte Recht. Und da heißt es dann nicht *zurück ins Mittelalter*, da heißt es dann *zurück in die tiefste Steinzeit* – das passt unmöglich in diese Welt.«

Kangaroo III – Golfen mit Kängurus

»Do you know that female kangaroos have two vaginas ...«
»What?«
»... and two uteruses?«
»Wie bitte?«

Ich sitze neben Jack, einem netten Kerl aus dem Hochland von Queensland, in seinem zweisitzigen, überdachten Golfcart, vor uns das riesige Grün des Mareeba-Golfkurses, und muss zugeben, dass ich etwas verwirrt bin, weil ich mich frage, wie ich das, was ich gerade gehört habe, ins Deutsche übersetzen soll.

Two vaginas – two uteruses.

Ich überlege kurz, wie wohl die Mehrzahl von Vagina im Deutschen lautet. *Vaginas, Vaginae, Vaginen ...*
Auch mit dem Plural von Uterus habe ich Probleme. Wahrscheinlich Uteri, aber das klingt genauso komisch wie *uteruses* im Englischen. Das Deutsche scheint mit dem Plural von

primären Geschlechtsorganen ebenso zu fremdeln wie das Englische. Glücklicherweise können wir im Deutschen zumindest Gebärmütter sagen. Mein Gott, ich zerbreche mir hier den Kopf über Dinge … wie bin ich nur in diese Situation geraten? Also der Reihe nach.

Allen, die bereits einige Zeit in Australien unterwegs sind und sehnsüchtig davon träumen, endlich einmal Kängurus zu sehen, empfehle ich, frühmorgens oder in der Dämmerung auf einen Golfplatz zu gehen. Davon gibt es in Australien über 1500. Und so bin ich also in Mareeba im Bundesstaat Queensland gelandet, weil mir in Kuranda jemand erzählte, auf dem Gelände des Mareeba-Golfclubs würden sich pünktlich zur einsetzenden Dämmerung bis zu zweihundert Kängurus versammeln. Die freilich habe ich auf dem akkurat gepflegten Grün zuerst nirgendwo gesehen. Erst Jack war so nett, mich aufzuklären.

»So nahe an der Straße treiben sich die Kängurus nicht gern herum. Soll ich dich zu ihnen fahren?«

Also machen wir eine Twilight Tour, eine Fahrt in die Dämmerung. Und irgendwann springen dann tatsächlich einige schwarze Kängurusilhouetten vor dem in rote Flammen gesetzten Himmel. Hüpfende Scherenschnitte am äußersten Rand des Golfplatzes. Weit ab von der Straße und deren Verkehr. Doch es hüpfen nicht viele. Die meisten lümmeln sich entspannt unter den Eukalyptusbäumen und gehen dem nach, was Kängurus wohl am liebsten zu machen scheinen: in Ruhe dösen und Golfrasen kauen. Fast geräuschlos surren wir mit dem Golfwagen heran und kommen direkt vor einer größeren Gruppe Kängurus, einem sogenannten *mob,* zum Stehen. »Lümmeln« trifft es übrigens ganz gut, denn viele der Tiere verharren in einer bequemen und stabilen Seitenlage. Einige haben sich elegant auf einen Arm aufgestützt – es fehlen eigentlich nur noch die dazu passende Couch und ein Tischchen mit Kaltgetränk und Strohhalm. Die Fernsicht ist gut. Einige größere Tiere drehen die Köpfe in unsere Richtung, geben sich lässig, scheinen sich mit Golfern und ihren Fahrzeugen auszukennen. Sieht gemütlich aus. Von wegen dämmerungsaktiv!

»Lass dir bloß nicht erzählen, die Känguruweibchen hätten drei Vaginen, das ist ein Irrtum«, sagt Jack und reißt mich aus meinen Gedanken.

»Die Weibchen haben zwei seitlich verlaufende Vaginen. Es gibt zwar noch einen dritten Tubus in der Mitte, aber der dient ausschließlich der Geburt.«

Was nun folgt, ist Känguru-Sexualkunde vom Feinsten. Jack erzählt mir, wie tief die australische Natur während der Trockenzeiten schläft. Jahrelang ruhen die durch die Sonne gerösteten Samen auf der steinharten Erde. Doch kaum kommt der erste Regen, verwandelt sich die Wüste in einen bunten Gras- und Blütenteppich. Auch das größte Beuteltier der Welt, das rote Riesenkänguru, wird von den Regentropfen wach geküsst und schaltet sofort in den Fruchtbarkeitsmodus. Während der Trockenperiode warten die Weibchen bis zu fünf Jahre, bevor sie sexuell reif werden. Aber wenn es dann feucht wird …

»… dann sind sie dauernd schwanger«, sagt Jack.

Während eines ihrer Joeys bereits draußen herumhüpft, wächst bereits das Nächste im Beutel heran. Ihre Zitzen produzieren zwei Arten von Milch, die in ihrer Zusammensetzung jeweils auf den Embryo im Beutel und auf das größere Tier abgestimmt sind. Denn das Joey draußen kommt ja auch noch zur Tränke, hat dafür seine eigene Zitze.

»Und das Tollste«, sagt Jack, »in einer ihrer beiden Pipelines hat die Mum bereits das nächste befruchtete Ei. Und noch verrückter: Auf Wunsch kann dieses Ei in einen Wartezustand versetzt werden. Je nach Trockenheit oder dem Entwicklungszustand des kleinen Kängurus im Beutel wird das befruchtete Ei einfach stillgelegt. Stopp, alle Zitzen besetzt.«

Rien ne va plus. Nichts geht mehr. Jack erzählt mir, wie das kaum zwei Zentimeter große, blutrote Känguruwürmchen direkt nach der Geburt sofort nach oben in den Beutel kriecht. Diesen Weg durchs Fell muss es allein finden, aber die clevere Mutter leckt ihm eine wegweisende Schleimspur. Sobald es das Innere des Beutels erreicht hat, saugt sich der Winzling an einer Zitze fest. Weil er beim Herumhüpfen der Mutter im Beutel nicht herumgeschüttelt werden soll, beginnt eine ganz und gar wunderliche und intensive Phase, in welcher der Mund des Känguruembryos völlig mit der Zitze verwächst, die ihm per Muskelkontraktion wohldosiert Milch ins Mäulchen spritzt. Das Würmchen geht eine sehr enge Verbindung mit der Mutter ein, die man auch Druckknopfbeziehung nennen könnte.

Das ist längst nicht alles. Der biologische Wahnsinn geht weiter. Auf meine Frage, warum das Känguru denn zwei Vaginen habe, antwortet Jack, die würden wunderbar zu dem gespaltenen Penis des Kängurumännchens passen.

»Jack, was bist du eigentlich von Beruf?«

»Ich war früher einmal Frauenarzt. Aber jetzt repariere ich Autos, spiele Golf und finde fast täglich etwas Neues über Kängurus heraus. Da gibt es noch so viele Geheimnisse. Über diese erstaunlichen Tiere könnte man ganze Bücher schreiben.«

(Tipp: Wer sich mehr für »surfende Kängurus« als für »golfende Kängurus« erwärmen kann, findet sie am Pebbly Beach in New South Wales. Direkt am Meer zwischen der Ulladulla und der Batemans Bay im Murramarang National Park.)

PIPER

Joscha Remus

*Gebrauchsanweisung
für Neuseeland*

224 Seiten. Gebunden

Zwei große grüne Inseln auf der anderen Seite der Welt, Gletscher und verliebte Vulkane, malerische Weindörfer und 15 000 Kilometer Meeresküste: Neuseeland ist das Paradies für Outdoor-Freunde, die Filmheimat der Hobbits, ein Traumziel für Reisende und Auswanderer. Joscha Remus blickt hinter die Kulissen eines Landes, dessen Licht und Landschaften nicht nur Fotografen und Maler verzaubern. Das als erstes das Frauenwahlrecht einführte, in dem Barfußlaufen und Bescheidenheit zum Alltag gehören und es nur selten Hausnummern und Türklingeln gibt. In dem neun Monate nach einem Sieg im Rugby-Länderspiel die Geburtenrate steigt. Wo man Weltmeister im Schafe-Schnellscheren kürt. Und wo ausgerechnet ein kleiner, buckliger, flugunfähiger Vogel zum Wappentier und sogar zum Nationalsymbol werden konnte.

01/2016/01/L